Jones Manoel

A NEGAÇÃO DO BRASIL NEGRO

Coordenação editorial
Cauê Seignemartin Ameni, Hugo Albuquerque, Manuela Beloni
Revisão: Márcia Orlson
Diagramação: Biana Fernandes
Capa: Rodrigo Correa

Dados Internacionais de Catalogação na Publicação (CIP)
(eDOC BRASIL, Belo Horizonte/MG)

M285n Manoel, Jones.
A negação do negro brasileiro: imperialismo, dependência e questão racial na obra de Guerreiro Ramos / Jones Manoel; prefácio Daniel Albuquerque Abramo. – São Paulo, SP: Autonomia Literária, 2024.
200 p. : 14 x 21 cm

ISBN 978-65-5497-043-3

1. Brasil – Relações sociais. 2. Antirracismo. 3. Imperialismo. 4. Ramos, Guerreiro, 1915-1982 – Crítica e interpretação. I. Abramo, Daniel Albuquerque. II. Título.
CDD 305.8

Elaborado por Maurício Amormino Júnior – CRB6/2422

Autonomia Literária
Rua Conselheiro Ramalho, 945
CEP: 01325-001 São Paulo – SP
autonomialiteraria.com.br

Jones Manoel

A NEGAÇÃO DO BRASIL NEGRO

Autonomia Literária
2024

Sumário

Prefácio

Daniel Albuquerque Abramo[1]

O leitor de *A negação do Brasil negro* terá em mãos um brilhante livro, elaborado e escrito com notável rigor filosófico e historiográfico, bem como repleto de propostas inovadoras e reflexões necessárias para problemas urgentes de nosso presente, que, para além de analisar de forma crítica e contundente — sob o critério do materialismo histórico e dialético — o legado do ilustre sociólogo brasileiro, Alberto Guerreiro Ramos, colocam definitivamente seu autor, Jones Manoel, no centro do debate sobre o pensamento social brasileiro no século XXI.

Em uma era tão marcada, por um lado, pela espetacularização e midiatização, por outro lado, pela não existência de um ambiente de debate público filosófico, criativo e inovador para o pensamento social brasileiro, em que não se compreende mais a dimensão pedagógica da crítica, poderia parecer para um leitor mais desatento que esta obra se trata de um ataque contra a memória de Guerreiro Ramos.

Ao contrário, tal livro se trata de uma das maiores demonstrações de respeito que um pensador poderia prestar a um gigante da tradição. Como se pode verificar, a presente obra se trata de uma das poucas oportunidades em nosso tempo em que Alberto Guerreiro Ramos é tratado com o devido respeito, como uma referência a ser estudada e compreendida como produto de sua era e classe social, e cuja obra também está sujeita a ser, com embasamento, criticada severamente, não para ser demolida, mas para ser aproveitada em sua essência no que dela ainda se verifica validade em nossa era.

---

[1] Escritor socialista e membro do Diretório Nacional da APR-PDT.

Ninguém se mostrou mais qualificado e bem-intencionado nesse primeiro quarto do século XXI para fazer essa necessária e complexa análise do que Jones Manoel, célebre educador e comunicador popular, e, também, como demonstra sua trajetória acadêmica e política, competente e criativo pensador e uma das maiores lideranças do movimento socialista comprometido com a revolução brasileira na atualidade.

Alguém dotado de notórias habilidades para comunicar temas complexos em linguagem popular, sem perder o refino, e, além disso, um intelectual negro, que sofre e compreende os mecanismos do racismo, sendo extremamente interessado e comprometido com os problemas nacionais de um ponto de vista totalizante e classista, mas também, entendendo o papel central que o debate da questão racial tem para verdadeira compreensão do que significa a libertação nacional e a construção do socialismo no Brasil.

Se faz importante mencionar que muitos dos que perseguiram Jones no passado, dentre eles, pessoas que eram supostamente da "esquerda universitária e acadêmica", não deram para a classe trabalhadora e para a construção de conhecimento brasileiro acumulado, nem mesmo um décimo da contribuição do autor deste livro. Ainda assim, por algum motivo, achavam que tinham o direito de excluí-lo destes "espaço de intelectualidade". Reforçando assim a importância de obras como esta, uma obra que debate com profundidade sobre o racismo no caso brasileiro, sem perder o ponto de vista totalizante e histórico para um grande público, que a soberba academia, que em sua maioria não se importa com pensamento social brasileiro e com as questões nacionais, nunca sonharia e nem intenciona em alcançar.

Quanto a Guerreiro Ramos, infelizmente o gigante da sociologia brasileira padece de um duplo mal. É ignorado e propositalmente esquecido por ser representante de uma tradição nacional popular, pioneira no debate sobre racismo em nossa história, anti-imperialista, nacionalista de esquerda, que, com seus limites, tentou passar o Brasil a limpo e refletir sobre seus problemas. Ao mesmo tempo, também é esquecido e banido informalmente de círculos acadêmicos e de conhecimento por ser um intelectual negro, em um país profundamente marcado pelo racismo, que, se apaga e deturpa a memória dos pensadores e líderes da classe trabalhadora, o faz com muito mais afinco e perversidade quando estes são negros. Não querem que o povo seja livre, nem é conveniente para a classe dominante interna e externa que a escravização informal de uma maioria não branca, agora configurada na superexploração do trabalho selvagem cada vez mais alienada de direitos sociais e políticos, acabe. Pelo contrário, vivemos um período em que a classe dominante nacional subalterna e as classes dominantes dos países centrais, visando lucro e por conta de disputas geopolíticas globais, operam para aprofundar essa situação às custas do sangue de nosso povo.

Por isso, não nos é permitido conhecer figuras como Alberto Guerreiro Ramos, que, mesmo com seus limites, quando analisado pelo que consiste sua obra, e criticado com consistência filosófica e metodológica, é capaz de nos levar a uma direção correta. Mesmo entre os atuais defensores da tradição e cultura política que Guerreiro Ramos ajudou a construir, especialmente o trabalhismo, as menções a seu nome são superficiais e restritas.

Muitos que o citam, de passagem e como um marcador de superioridade intelectual como é comum á pequeno-burguesia e classe média, nem mesmo tiveram o respeito de ler seus livros e textos e entender a dimensão de sua obra no debate do pensamento social brasileiro no século XX. Quando muito, entendem vagamente sua importância para o Instituto Superior de Estudos Brasileiros (ISEB). Pouquíssimos são os que conhecem sua obra, suas influências teóricas, seu contexto formador, e os debates no qual esta se insere.

Exatamente por isso, da mesma forma que ocorre com outros intelectuais centrais para compreensão do pensamento social brasileiro e do vasto e precioso conhecimento inerente a este, aqueles que mal-intencionados atacam o legado de Guerreiro Ramos, não pelo que este tem de insuficiente, mas pelo que tem de melhor, se arvoram na falta de propriedade daqueles que supostamente deveriam defender o pensamento do sociólogo em empreender uma satisfatória crítica de sua obra, para ser possível defender o que existe de urgente e irrefutável nessa.

Na inexistência deste processo, vence o apagamento histórico, e persiste uma espécie de banimento tacanho, baseado na ignorância, e, com ironia em relação ao pensamento de Guerreiro Ramos, perpetua a supremacia acrítica do "pensamento estrangeiro" frente à visão nacional quanto aos problemas desta era e dos problemas nacionais inerentes a esta.

Para que o leitor tenha a devida dimensão de tal fato, não seria exagero afirmar que, ainda que não seja exatamente a intenção de tal livro, devido a dado esquecimento propositalmente dirigido, muitas pessoas entrarão em contato com o núcleo do pensamento de Guerreiro Ramos pela primeira vez por conta desta obra, e poderão ter a oportunidade de pesquisar e conhecer mais, possivelmente lendo diretamente textos do sociólogo para comprovar se os argumentos de Jones Manoel quanto ás obras de Guerreiro Ramos, especialmente as que abordam o tema da questão racial no Brasil, se sustentam ou não.

Exatamente por tudo isso anteriormente exposto, é necessário dizer, que a iniciativa de tal obra é, acima de tudo, mais um grande passo dado no importante resgate do debate do pensamento social brasileiro para um amplo público de jovens, estudantes, trabalhadores, acadêmicos, militantes, que almejam entender o Brasil, sua história, e a história do pensamento produzido por aqui e voltado a entender nossa realidade. E que, por isso, tal livro deve ser lido com cuidado e com o mesmo rigor com que foi pensado e escrito.

Nesse sentido, cumpre que o leitor esteja munido de antemão com alguns pontos fundamentais para apreciar tal obra em sua plenitude: uma **explicação sobre o sentido do livro e uma**

contextualização quanto aos debates que ocorrem na esquerda brasileira, em presente momento, e que instigaram na reflexão e construção do argumento central da obra, implícito por detrás da análise crítica de Jones Manoel a obra de Alberto Guerreiro Ramos, particularmente de seus escritos sobre a questão racial no Brasil, e, em especial, o livro *Negro Sou,* uma coletânea de textos do sociólogo baiano sobre o tema, organizada pelo historiador Muryatan Barbosa.

Do ponto de vista filosófico, para além de uma análise sobre a questão racial na obra de Guerreiro Ramos, também está em pauta um debate, sem hipocrisias, e meias-palavras, sobre o racismo, reacionarismo e preconceito nos meios socialistas, nacionalista de esquerda e anti-imperialista, camuflados de falsa disputa conceitual. Para além disso, sobram críticas também para a esquerda liberal.

Jones Manoel, corretamente, critica de forma dura e consistente a utilização sem nenhum rigor e seriedade filosófica do termo e categoria "identitário" quando para se referir a movimentos em defesa de direitos sociais e de luta contra opressão, algo que geralmente vem em conjunto de uma visão de mundo reativa, e refratária, e, portanto, reacionária, e não propositiva, a aspectos da globalização assimétrica.

O autor, enquanto marxista, compreende perfeitamente os problemas relacionados ao poder econômico e a tentativa de apropriação de pautas sociais importantes pelo capital, mas entende isso enquanto totalidade, na origem material e econômica de tais processos.

Por isso, não nega a importância das causas e das lutas em si, compreendendo a luta contra o racismo, o machismo e outras opressões em nosso contexto, como aspectos do desenvolvimento do capitalismo dependente na particularidade brasileira, intrinsecamente ligados a organização da produção e a exploração econômica.

Para além disso, Jones se esforça para desmontar elegantemente alguns dos argumentos centrais de tal visão de mundo que, dentre outras coisas, em resumo, tenta atestar que a cosmopolitização de nossa esquerda, apenas em um sentido mais cultural, seria um dos grandes responsáveis pela "esquerda ter se tornado identitária".

Para tal, o autor utiliza como exemplo o gigante intelectual baiano, o sociólogo Alberto Guerreiro Ramos, notório nacionalista e defensor da tese de que os problemas brasileiros deveriam ser pensados e resolvidos por brasileiros, tributário da cultura política da Revolução de 30, uma figura que, para os tributários da visão de mundo posta em xeque por Jones, seria a princípio insuspeito da acusação de influência estrangeira ou pensamento agringalhado.

Após uma análise crítica extensa sobre a teorização de Guerreiro Ramos sobre a questão racial no Brasil, Jones demonstra como o genial sociólogo nacionalista também apresentou algumas posições que, poderiam ser interpretadas como "identitárias" para portadores dessa visão de mundo reacionária e reativa, e, para além disso, demonstrou algumas posições do pensador do século XX que seriam consideradas, um desvio liberal de cunho pequeno burguês para socialistas consequentes e marxistas com a teoria em dia.

Nesse sentido, o autor utiliza o critério classista desde o primeiro capítulo de sua análise, e oferece uma outra resposta que não um espantalho superficial reacionário quanto a influência estrangeira pura e simplesmente, para explicar os equívocos do sociólogo. Demonstrando com este exemplo, como deve ser aplicado o método e como devemos proceder em uma análise séria.

Questiona de maneira intelectualmente ampla com isso, não a obra ou a integridade de Guerreiro Ramos, cujo núcleo central quanto a uma visão totalizante para o problema brasileiro, Jones defende, mas sim o argumento simplificado e tolo que trata alguns dos sintomas — fatores especialmente de ordem superestrutural e cultural referentes as assimetrias da globalização no século XXI —, como se fosse a doença em si, — submissão e dependência econômica e o aprofundamento da superexploração do trabalho e do projeto neoliberal, destruição do sindicalismo brasileiro e não existência de participação política efetiva para as massas.

É com isso em mente que o leitor deve se preparar para a leitura, para conseguir desfrutar da obra em sua totalidade, e compreender de fato a dimensão da importância do livro e do autor para a inovação e avanço dos debates do pensamento social brasileiro no século XXI e para a construção da possibilidade de revolução brasileira. Sem mais delongas, boa leitura!

Guerreiro Ramos e o mito da democracia racial: contradições da intenção integracionista

Alberto Guerreiro Ramos (1915-1982) foi um dos mais importantes intelectuais, sociólogos e ideólogos do nacionalismo brasileiro. Figura central no debate público e nas lutas políticas das décadas de 1950 e 1960, foi marginalizado no Brasil depois da ditadura empresarial-militar. Minha geração (eu nasci em 1990) não teve o contato adequado com a produção teórica e as concepções políticas da geração que viveu e produziu antes do golpe de 1964. A título de registro pessoal, lembro que na minha graduação em história e mestrado em serviço social da UFPE, os professores não exigiram a leitura de nenhum autor do ISEB (Instituto Superior de Estudos Brasileiros) e quando nomes da tradição comunista como Nelson Werneck Sodré e Alberto Passos Guimarães surgiam em sala, logo eram taxados com rótulos fáceis como "stalinista", "mecanicista", "defensor do feudalismo no Brasil", etc.

Buscando combater na minha formação pessoal esse lapso histórico e ajudar a superá-la no debate público, comecei um estudo sistemático de pensadoras e pensadores brasileiros do fim do século XIX até o golpe empresarial-militar de 1964. Em 2024, busquei um estudo sistemático da obra de Alberto Guerreiro Ramos. Nesse estudo, dei atenção especial à publicação: *Negro Sou: a questão étnico-racial e o Brasil: ensaios, artigos e outros textos (1949-1973)*,[2] organizado pelo professor Muryatan S. Barbosa, uma coletânea que sintetiza as reflexões de Guerreiro Ramos sobre a questão racial no Brasil.

O livro, antes de tudo, serve como documento histórico. Registra como um dos pensadores mais importantes do país — um homem negro nascido na Bahia — pensava a questão racial ao seu tempo. Mas, além de documento histórico e informativo do percurso de

[2] Editora Zahar, 2023.

produção sobre a questão racial no Brasil, temos vários elementos de atualidade nas reflexões de Guerreiro Ramos — atualidade nos acertos e também nos erros. Nosso livro pretende fazer uma viagem crítica à obra de Guerreiro Ramos a partir dos seus escritos sobre as relações étnico-raciais no Brasil.

O primeiro escrito do livro *Negro Sou* é um texto de 1949 intitulado *O negro no Brasil e um exame de consciência*. A reflexão de Guerreiro Ramos se baseia em uma análise e elogio do TEN (Teatro Experimental do Negro), temática frequente por muitos anos nas suas reflexões sobre a questão racial. Buscando descrever o que é o TEN, ele afirma que a organização é "fruto de uma profunda compreensão das peculiaridades do problema do negro no Brasil" (Ramos, 2023, p. 44). Que compreensão é essa? Para o autor, a população negra entrou para vida republicana "econômica, cultural e psicologicamente despreparada". Ao pormenorizar essa afirmação, diz que "economicamente, toda essa população [negra] constituía o grosso das classes de baixo poder aquisitivo. Culturalmente, ela se apresentava afetada quase totalmente de analfabetismo e psicologicamente tal população carecia dos estilos mentais adequados à vida civil superior" (Ramos, 2023, p. 44).

Depois desse diagnóstico, apontando mais para o "despreparo" do negro do que para a dominação racista, Guerreiro fala dos quatro séculos de escravidão e suas consequências na "alma nacional", estrutura de classes "rigidamente tecida" e da "dominação do branco e do brancoide". Mas não desenvolve a reflexão pela chave analítica dos efeitos da dominação. Passa a falar do pouco tempo que separa a condição atual e o fim da escravidão (lembrando: o texto é de 1949) e as consequências de episódio tão recente para arrematar o argumento com uma reflexão sobre a abolição: "a condição jurídica de cidadão livre dado ao negro foi um avanço, sem dúvida. Mas um avanço puramente simbólico, abstrato. Socioculturalmente, aquela condição não se configurou; de um lado porque a estrutura de dominação da sociedade brasileira não se alterou;

de outro lado porque a massa juridicamente liberta estava psicologicamente despreparada para assumir as funções de cidadania" (Ramos, 2023, p. 45).

Novamente o raciocínio aponta para duas frentes: condições de despreparo da população negra para "vida civil superior" e manutenção da "estrutura de dominação da sociedade brasileira", mas nos dois parágrafos seguintes a reflexão caminha apenas para um lado, apontando a necessidade de "instalar na sociedade brasileira mecanismos integrativos de capilaridade social capazes de dar função e posição adequada aos elementos da massa de cor se *adestrarem nos estilos de nossas classes dominantes*" (Ramos, 2023, p. 45, grifos nossos).

A palavra adestrar pode causar estranhamento para os padrões de hoje, mas era de uso corrente na época e não tem sentido negativo. O que deve chamar atenção é o objetivo apontado por Guerreiro: aprender padrões de comportamento social nos "estilos das classes dominantes". Classes dominantes brancas, herdeiras da escravidão, acostumadas por quatro séculos ao mando oligárquico em ambiente sociopolítico de desumanização total das classes do trabalho. A propósito, não era parte dos "estilos das classes dominantes" o racismo e o sentimento de superioridade racial filo-europeu frente ao negro e "mestiço" brasileiro?

O autor não desenvolve a reflexão sobre a dominação e sublinha que o TEN não é "técnica de orientação ideológica" e não pretende estimular a organização da população negra em um partido, dado que isto é, para o sociólogo, um incorreto diagnóstico dos "problemas do negro no Brasil" e uma incompreensão da própria "contingência histórica" da questão racial no país (Ramos, 2023, p. 46). Buscando desenvolver o raciocínio deste argumento, afirma que "uma modificação substancial das condições de nossa gente de cor não depende de uma transformação política, simplesmente"; questiona se um partido negro no poder resolveria os problemas desse grupo social e afirma que tal hipótese representaria "retrocesso" ou "uma agressão", afinal "o homem de cor, entendido como o homem-massa, não está habituado às funções de mando, as quais, como é sabido, supõem uma longa aprendizagem" (Ramos, 2023, p. 46).

Novamente, o autor não debate como os "hábitos de mando" no Brasil estão organicamente ligados à supremacia racial branca e ao processo de formação histórica do país a partir do escravismo-colonial. Guerreiro toca no tema da dominação, mas logo faz um recuo, negando a intenção de estudar o tema racial desde uma perspectiva do conflito e sua superação pela auto-organização da população negra buscando a transformação das estruturas de poder. A intenção integrativa é o tempo todo destacada, como a citação de um longo trecho de Abdias do Nascimento, onde no final podemos ler "o Teatro Experimental do Negro não é nem sociedade política, nem simplesmente associação artística, mas um experimento psicossociológico, tendo em vista adestrar gradativamente a gente negra *nos estilos de comportamento da classe média e superior da sociedade brasileira*" (Ramos, 2023, p. 48, grifos nossos).

Logo depois, desenvolve uma longa reflexão sobre o papel do "homem de cor" no Ocidente, reivindica um lugar de renovação da vitalidade do Ocidente para o negro, em caso de libertação dessa "reserva anímica" da população negra. Mas, novamente, destaca que não se está falando de elemento "explosivo", mas, sim, como "força de revitalização, dentro do Ocidente" (Ramos, 2023, p. 51). O TEN, nesse sentido, teria função de organização dessa reserva estratégica de vitalidade, com horizonte integracionista, negritando ser uma instituição única que "encarna esse espírito de conciliação" (Ramos, 2023, p. 52).

A fuga do conflito é tão gritante que o sociólogo, ao destacar o papel da Grupoterapia do TEN, dá ênfase à função de combate ao ressentimento e situa nos ombros da própria população negra os casos de insucesso na dinâmica concorrencial capitalista, ao dizer que "em quase todo o homem de cor parece existir uma certa tendência a explicar os seus insucessos sociais, entre os brancos, em termos de preconceito racial, quando muitas vezes tais insucessos são resultados principalmente de sua despreparação cultural" (Ramos, 2023, p. 53).

Por fim, conclui o escrito com uma nova condenação da chave analítica do conflito como norte de compreensão da questão racial e faz um apelo para as classes dominantes realizarem obra de união nacional:

> Não nos confundimos com aqueles que fazem indústria do ódio e do ressentimento. O integral sucesso de nossa iniciativa depende, entretanto, de que, como diria Alioune Diop, os poderosos despertem de sua indiferença e de seu egoísmo e reconheçam aquilo que o gênio e a vontade do TEN oferecem à sociedade brasileira de mais singularmente construtor (Ramos, 2023, p. 56).

O escrito seguinte da coletânea, *Apresentação da grupoterapia* (1950) tematiza o aspecto teórico desta prática elaborada pelo TEN e sua função na liberação da espontaneidade. Esse texto não desenvolve as reflexões anteriores sobre a questão racial e o papel do TEN desde uma perspectiva política, tática e estratégica. O mesmo acontece com os dois escritos seguintes, a saber: *Teoria e prática do psicodrama* (1950) e *Teoria e prática do sociodrama* (1950), onde Guerreiro reflete sobre a função, fundamentação teórica e tecnicidade dos modos de atuação da sua grupoterapia.

O sociólogo baiano volta à dimensão propriamente política da questão racial no texto *Apresentação da negritude,* de 1950. Nesse curtíssimo escrito se destaca como elemento chocante o grau de ojeriza ao confronto político como elemento da luta antirracista. Começa afirmando que "o Brasil deve assumir no mundo a liderança da política de democracia racial", pois é o único país do mundo que pode ofertar uma "solução satisfatória do problema racial". Na reflexão do autor, o Brasil já oferece aos homens de cor "praticamente todas as franquias" e o grande problema brasileiro na questão racial é treinar os "homens de cor", via cultura e educação, para utilizar essas "franquias" (Ramos, 2023, p. 82). Em seguida afirma que, no Brasil, qualquer movimento negro "de caráter agressivo e isolacionista" fere a tradição nacional (de democracia racial, friso) e "***torna-se mero caso de polícia***" (Ramos, 2023, p. 82, grifos nossos).

Na sequência elogia o TEN, colocando-o como um movimento vanguardista de elevação cultural e econômica dos negros, atuando no âmbito da "ideologia tradicional do Brasil com respeito às relações de raça" e que a negritude "não é um fermento de ódio. Não é um cisma. É uma subjetividade. Uma vivência" (Ramos, 2023, p. 82). Neste ponto, antes de prosseguir, é preciso consultar a apresentação de Muryatan S. Barbosa no livro *Negro Sou*. Ele explica, a partir da página 19, que o comentário sobre democracia racial no Brasil feito por Guerreiro Ramos era um comparativo frente aos regimes de apartheid e segregação racial vivenciados na África do Sul e Estados Unidos; que as referências a esse tipo de comparação era letra corrente na época (e acrescento: até os dias atuais) e indica o sentido tático e político dessa abordagem de Guerreiro Ramos, "pretendia-se formar um pacto social de elites (brancas e negras), que se tornasse um dos elementos centrais de um projeto nacional-popular visando elevar as condições de vida da população negra. Um projeto que foi definitivamente derrotado pelo Golpe Militar de 1964" (Barbosa, 2023, p. 19-20).

O organizador do livro corretamente alerta que Guerreiro Ramos "sabia o que era realidade, o que era política e o que era blague nessa história de democracia racial" (Barbosa, 2023, p. 18). O alerta serve para não tratar o sociólogo como um ingênuo que acreditava nesse mito. Como diz Muryatan S. Barbosa, "era uma questão de tática" (Barbosa, 2023, p. 19). Perfeito. Mas uma questão de tática errada. Agora podemos passar a uma análise preliminar desses primeiros escritos.

Se é compreensível mobilizar o mito da democracia racial e de uma suposta tradição brasileira de convivência harmônica entre as raças para buscar conquistas para população negra, é totalmente injustificável a condenação primária, reducionista, sem argumentos e até a criminalização ("torna-se mero caso de polícia") das correntes do movimento negro que não tinha a perspectiva do autor e do TEN. É totalmente possível imaginar Guerreiro Ramos mobilizando a mesma tática e leitura teórica sem esses arroubos contra a militância negra — nas palavras do autor — "agressiva e isolacionista".

Essa condenação primária é um bônus que remete a compreensões mais profundas do autor. Embora nas reflexões posteriores uma noção particular de conflito surja como central na compreensão do problema racial brasileiro e apresente a necessidade de reformas "superestuturais" para superar o racismo — chegando até a reflexão sobre a patologia social do "branco" brasileiro —, o autor mantém como tendência permanente (algo já implícito nesses primeiros textos) a ideia de que não existe fundamento econômico — isto é, nas relações de produção — no racismo brasileiro, que o Estado brasileiro não é agente reprodutor da divisão racial da sociedade e que não existe relação orgânica entre raça e classe no Brasil, sendo superada a época em que ser negro era igual a ser apenas trabalhador, incluindo essa população nas camadas médias, burguesia e grupos sociais privilegiados (militares, acadêmicos, lideranças político-partidárias, profissionais liberais etc.).

Com todas as mudanças, persiste na abordagem de Guerreiro Ramos a ideia de que o racismo não é parte estruturante e genética do capitalismo brasileiro — desde as relações de produção, estruturas de poder e morfologia das classes. Nesse sentido, lembrando a clássica reflexão de Malcolm X, para o sociólogo, existia, sim, capitalismo sem racismo.[3] O racismo no Brasil não demandava

[3] "Como foi declarado anteriormente, todos os países que estão emergindo hoje, quebrando as correntes do colonialismo, estão se voltando para o socialismo. Eu não acho que seja por acaso. A maioria dos países que eram potências coloniais eram países capitalistas e o último baluarte do

uma solução revolucionária — quando falo em revolucionária, não estou apelando necessariamente para o adjetivo "socialista". Para o autor, a Revolução Brasileira — tema que desenvolverá com mais força a partir do final dos anos de 1950 — tem como missão criar um capitalismo nacional, voltado para si, soberano, industrializado, com reforma agrária e elevação material e cultural das condições de vida do povo trabalhador.

Olhando a partir de um panorama histórico, mesmo com todas as mudanças em seu pensamento, persiste nele uma visão integracionista da questão racial, onde o conflito não precisava ir até as últimas consequências como meio de resolver o problema do negro brasileiro. Conflito? Sim, mas limitado e sem intenção de ruptura.

Neste ponto, antes de continuar, é necessário precisar o que estamos chamando de integracionismo. Sumariamente e de forma precária, podemos definir três grandes posições na história do movimento negro e da luta antirracista no Brasil e no mundo. 1. As teorias essencialistas, como a perspectiva de Marcus Garvey, que via como impossível e até não desejável uma convivência igualitária entre brancos e negros e tomava como solução a formação de um etno-estado negro em África; 2. as abordagens revolucionárias, com forte influência do marxismo no século XX, que via o racismo como parte orgânica e indissociável do capitalismo, colonialismo e imperialismo e colocavam a superação do racismo como tarefa só realizável em um processo revolucionário; 3. as abordagens reformistas e integracionistas que compartilhavam de vários aspectos do diagnóstico dos marxistas sobre a relação entre capitalismo e racismo, mas viam possibilidade de, a partir de reformas democráticas, superar a dominação racial no capitalismo.

---

capitalismo hoje é a América. É impossível para uma pessoa branca acreditar no capitalismo e não acreditar no racismo. Não pode ter capitalismo sem racismo" - Malcolm X, Há uma revolução mundial em andamento: discursos de Malcolm X. São Paulo: Lavrapalavra editorial, 2020, p. 20-21.

Guerreiro Ramos situava-se no terceiro polo. Defendia a possibilidade de superar o racismo sem processo revolucionário e até mesmo sem um reformismo forte. O Brasil precisaria apenas de substantivas, mas pequenas mudanças na sua dinâmica superestrutural. Nesse sentido, tomando uma licença poética, podemos dizer que Guerreiro estava numa espécie de "ala direita" deste polo. A recusa de solução revolucionária (seja socialista ou democrático-burguesa) para questão racial, a oposição insistente em correlacionar raça e classe, a negação de fundamento econômico para o racismo brasileiro e um debate superficial sobre o papel do Estado e poder político na reprodução da racialização da sociedade indicam um caminho de mudanças sociais, políticas e institucionais que apenas alterem as condições de acesso à oportunidades na dinâmica concorrencial do capitalismo dependente brasileiro — ou seja, mudar os fatores de organização da concorrência na formação econômico-social.

Com mudanças e tensões que veremos nos próximos capítulos, Guerreiro Ramos não consegue superar um universo de classe média na análise da questão racial e na proposta de uma política antirracista — ou, melhor dizendo, o sociólogo situa-se no lugar político-analítico de classe média negra. Não creio que seja a formação de origem católica, a proximidade com o integralismo na juventude, a relação sempre tensa e conturbada com o marxismo — em especial com os comunistas organizados no PCB — ou as influências teóricas mais conservadoras (como o funcionalismo) que expliquem o núcleo dinâmico das posições de Guerreiro Ramos sobre a questão racial. Creio que foi sua posição de classe o elemento determinante e com tensões, avanços e óbvias encruzilhadas, ele nunca superou esse horizonte na sua reflexão. Explico.

Guerreiro Ramos nasceu em 1915. A partir da Revolução de 1930 ele se depara com uma substantiva transformação do Brasil. Passados os primeiros 15 anos de Governo Getúlio Vargas, com suas diferentes fases e contextos, acelerou-se a urbanização, industrialização e a modernização do aparato estatal (especialmente na esfera federal). Complexificou-se a divisão social do trabalho e vastas oportunidades sócio-ocupacionais para uma classe média foram criadas. É uma época histórica de crescentes oportunidades de trabalho intelectual com prestígio social e remuneração acima da média salarial do povo trabalhador.

O nosso sociólogo foi um dos beneficiados por esse período histórico aberto pela Revolução de 1930. Ao mesmo tempo, na dinâmica de competição da sociabilidade capitalista, o racismo brasileiro atuava como poderoso fator de barragem e reserva de mercado para a população branca. Então estavam abertas oportunidades para ampliar um pequeno setor negro da classe média ao mesmo tempo que diversas estruturas sociais barraram o acesso a essas oportunidades e à progressão — material e simbólica — dos integrantes negros da classe média em formação.

Iniciativas como o TEN e a produção de Guerreiro Ramos nos primeiros anos da década de 1950 tinham como objetivo aumentar a competitividade da população negra no acesso a essas oportunidades e, ao mesmo tempo, combater a ideia de unidade entre a classe média negra e o vasto proletariado negro em torno de um projeto de classe independente e de ruptura com o padrão de reprodução do capital e o sistema de dominação política. Uma posição ambígua: denunciava as barreiras, mas não visava destruir a estrutura que criava tais barreiras — disso resulta, em última instância, a separação da dimensão econômica da sociológica e cultural na compreensão do racismo. Em suma, uma mudança sem radicalidade. Afinal, a radicalidade, necessariamente, iria contra as próprias possibilidades de ascensão social postas ao nosso sociólogo.

Adilson Bariani Junior, em importante trabalho sobre a obra de Guerreiro Ramos, lembra que nosso autor, em 1947, casou com Clélia Calasans de Paula, mulher branca da classe média carioca. Seja nas relações interpessoais, seja na dinâmica profissional e de atuação política (no TEN e posteriormente), Guerreiro Ramos está profundamente mergulhado em ambientes de classe média. Bariani Junior oferece uma importante pista para pensar o lugar de classe de Guerreiro Ramos e sua reflexão sobre a questão racial.

> Significativamente, o sociólogo, segundo relato de Abdias Nascimento, A. (2003a), teria passado, entre 1942 e 1945, "pela maior crise intelectual e espiritual de sua vida": marginalizado, sem reconhecimento acadêmico, relegado pela universidade, "exilado" no Rio de Janeiro, escorando-se no serviço público para sobreviver... Não obstante, ingressa no TEN e passa a ocupar-se com a militância no movimento negro, ao qual se dedicará intensamente até meios dos anos 1950, não fortuitamente, quando ingressa na Assessoria de Vargas, na Escola Brasileira de Administração Pública da Fundação Getúlio Vargas, no Grupo de Itatiaia, Ibesp e Iseb. Assim, no final dos anos de 1950, a questão do negro não será mais objeto de sistemática atenção por parte do autor. Ao menos pessoalmente, Guerreiro Ramos comprovava suas teses: a afirmação da negritude resgatou sua autoestima, sua autoconfiança e capacidade de assunção de seu "destino social", de outro modo, ao ver-se aceito e "adestrado" na cultura da classe dominante, desfrutando de relações "frontais" com a elite "branca", afastou da questão do negro, só vindo a mencioná-la novamente em 1981 — em entrevista (Oliveira, L., 1995, p.174) pouco antes de sua morte — para queixar-se do país e da falta de reconhecimento de sua importância como sociólogo, por causa de sua condição de cor (Junior, 2011, p. 119)[4].

Como apontado, o horizonte de classe será um limitante permanente na reflexão de Guerreiro Ramos sobre a questão racial. Buscaremos desenvolver esses e outros aspectos nos próximos capítulos.

---

[4] JUNIOR, Bariani Edison. Guerreiro Ramos e a redenção sociológica: capitalismo e sociologia no Brasil. São Paulo: Editora Unesp, 2011.

Guerreiro Ramos perdido no labirinto brasileiro: o desencontro entre raça e classe

No capítulo anterior, concluímos falando sobre a questão de classe nos fundamentos e horizontes da reflexão do autor sobre a questão racial. Antes de continuar a análise dos textos do livro *Negro Sou*, organizado por Muryatan Barbosa, vamos voltar ao tema. Continuamos essa análise a partir de um corte temporal que não está presente na obra *Negro Sou* – o organizador deste livro, em sua dissertação de mestrado, analisou a questão negra na obra do sociólogo baiano e posteriormente a publicou em livro com o título *Guerreiro Ramos e o personalismo negro.*[5]

Segundo a pesquisa do professor Muryatan, é em 1946, numa entrevista para Abdias do Nascimento, que Guerreiro Ramos trata pela primeira vez sobre a questão do negro no Brasil. Guerreiro Ramos, à época, ainda não era ligado ao TEN (Teatro Experimental do Negro) e trabalhava no DASP (Departamento Administrativo do Serviço Público). A entrevista gira em torno do discurso do senador Hamilton Nogueira, político da UDN (União Democrática Nacional), em 1946, na Assembleia Nacional Constituinte. No discurso, o senador defendia a punição para atos de discriminação racial no Brasil.

Guerreiro declara apoio à iniciativa do senador e afirma que "a restrição feita ao negro por qualquer instituição, seja oficial ou particular, é anti-democrática" (Barbosa, 2015, p. 48). Em seguida, Barbosa transcreve um longo trecho da entrevista onde Guerreiro busca sintetizar o problema do negro no Brasil. O sociólogo fala de três aspectos da questão: preconceito racial, preconceito de classe e irredutibilidade de mundos mentais distintos (Barbosa, 2015, p. 48). Começa argumentando que o racismo enquanto "teoria

[5] São Paulo: Paco Editorial, 2015.

científica" já não tem validade e foi desacreditado pela obra de vários pensadores, mas que "sobrevive ainda como uma ideologia e numerosos brancos interessados em racionalizar uma dominação política e social". Em seguida, cita o exemplo dos Estados Unidos e afirma que lá esta "ideologia racial" é um "verdadeiro flagelo" e "o negro americano está segregado".

Passa para o Brasil e diz que o preconceito existe, mas "é mais disfarçado e o negro sofre uma discriminação menos ostensiva". Na frase seguinte, continua o raciocínio dessa forma:

> Entre nós, o preconceito racial perde em importância para os dois outros aspectos da questão: ***o preconceito de classe e a incompatibilidade de dois mundos mentais distintos.*** Dadas as condições de nossa formação histórica, os homens de cor, no ***Brasil, em sua maioria, compõem as classes de mais baixo nível econômico.*** O homem de cor no Brasil é uma criatura em ascensão econômica, assim, muitos dos seus fracassos são atribuídos ao preconceito racial quando muitas vezes, ***devem ser atribuídos ao de classe.*** Na Bahia corre um dito, de que o branco pobre é negro e o negro rico é branco, o que dá, em forma pitoresca, alguma medida desta luta de classes. Dois aspectos da questão: cultura e economia. ***Por outro lado, grande número de negros brasileiros ainda não se incorporou à cultura dominante no Brasil que é a europeia de base latina.*** Existe uma cultura negra no Brasil, com seu sincretismo religioso, seus hábitos alimentares, sua medicina de "folk", sua arte, sua moral etc. O mundo mental destes grupos é incompatível com o das classes dominantes. ***O negro brasileiro pode "branquear-se", na medida em que se eleva economicamente e adquire os estilos comportamentais dos grupos dominantes.*** O "peneiramento" social do homem de cor brasileiro é realizado mais em ***termos de cultura e de "status" econômico que em termos de raça*** (Barbosa, 2015, p. 50-51, grifos nossos).

Na reflexão de Guerreiro, raça e classe estão indissociáveis no Brasil, com a maioria da população negra compondo as classes de "mais baixo nível econômico"; ao mesmo tempo, o preconceito racial é secundário frente às barreiras de classe, e para superar tais obstáculos de classe é necessário assumir o "estilo comportamental" da classe dominante, branqueando-se culturalmente. Para Muryatan Barbosa, neste período de sua produção intelectual, Guerreiro Ramos está influenciado pela produção de Donald Pierson (1900-1995), sociólogo estadunidense e autor do livro *Brancos e Pretos na Bahia* (1945). Barbosa sintetiza as reflexões contidas no livro de Pierson, afirmando que, para este, a sociedade brasileira (generalizada a partir da análise da Bahia) seria de "classe multirracial" e que não temos barreiras raciais ou um preconceito racial ativo produzindo segregacionismo, mas sim preconceito de classe. Os casos de preconceito racial nada mais seriam do que ações individuais em dinâmicas concorrenciais, configurando-se como exceção que confirma a regra – preconceito estrutural de classe e não de raça.

Contudo, como pontua Barbosa, Guerreiro Ramos em 1946 não apenas repetia a análise de Donald Pierson. A análise sobre o "branqueamento cultural" do negro e a necessidade de assimilar a cultura e conduta da classe dominante não está em Pierson (Barbosa, 2015, p. 56) – como vimos no capítulo anterior, é um tema que o sociólogo mantém em reflexões posteriores. Para concluir esse ponto, vale citar outro trecho do autor, transcrito por Barbosa no seu livro, no qual o sociólogo baiano esboça sua perspectiva política de superação do racismo:

> Os meios de luta do negro brasileiro não devem ser demagógicos nem sentimentais, têm que ser adequados ao modo como se coloca o problema no Brasil. ***Penso que os homens de cor não devem jamais organizar-se para combater o preconceito racial. Neste ponto, sua atitude deve ser quanto possível de indiferença e até humorística, nunca de indignação.*** Os dois últimos aspectos da

> questão (cultura e economia) devem ser, a meu ver, ***objeto de medidas gerais***, dentre as quais, a mais importante se afigura ***ser uma planificação da economia nacional que venha a elevar o nível econômico das classes pobres e oferecer oportunidade aos mais aptos sem distinção de cor*** (Barbosa, 2015, p. 56, grifos nossos).

Guerreiro Ramos nega a necessidade de organização política para combater o racismo e prega indiferença e humor frente a casos de preconceito racial. É útil pensar quais casos de racismo podem ser recebidos com indiferença ou humor. Certamente não é o caso da violência policial (desde espancamentos até a morte), prisões ilegais, violação sistemática de direitos ou a miséria por ausência de emprego, preterido na dinâmica concorrencial capitalista pelo marcador racial. A recomendação do sociólogo baiano só é utilizável em situações onde a condição humana não está no limite, como certas expressões de preconceito em um emprego público – como no Dasp, onde Guerreiro Ramos trabalhava na época –, ambientes intelectuais, algumas situações de consumo (como um atendimento hostil ou desdenhoso em uma loja, hotel, aeroporto), etc. No plano de fundo da reflexão do autor, temos situações de preconceito racial mais visíveis para a classe média negra.

Aliado a isso, o autor não recomenda medidas específicas para a população negra, mas sim uma solução geral, pautada na planificação econômica, elevação das condições de vida dos pobres e maior geração de oportunidades. Em suma, é uma questão de classe. A rigor, segundo esta abordagem, não existe propriamente dominação racial no Brasil. Mas, sim, um problema de classe que em sua expressão fenomênica aparece como antagonismo racial, mas não o é, em sua essência.

Agora podemos voltar aos escritos do livro *Negro Sou*. Lembro, caro leitor e cara leitora, que os primeiros textos que analisamos vão de 1949 até 1950. Ainda em 1950, Guerreiro Ramos publica *A Unesco e as relações e raça*, *Notícias sobre o I Congresso do Negro Brasileiro*,

Narcisismo branco do negro brasileiro, *Senhores e escravos no Brasil* e *Os estudos sobre o negro brasileiro*. Antes de tecer uma consideração em conjunto sobre esses escritos, vamos comentar cada um deles.

O primeiro texto é uma tese apresentada ao I Congresso do Negro Brasileiro. Sintetiza as missões da Unesco e faz uma série de recomendações para o órgão. Destaca-se a sugestão para que a Unesco examine a experiência do TEN e a realização de um Congresso Internacional de Relações de Raça (Ramos, 2023, p. 85). Nesse curto texto – de apenas duas páginas – Guerreiro Ramos também defende a atividade principal do TEN, o teatro, como algo sério, digno de importância e não só um meio de "distração de massas", mas também de "educação moral e cultural" (Ramos, 2023, p. 86).

O segundo escrito é um elogio do I Congresso do Negro Brasileiro. Um escrito bem formal e sem maiores elaborações teóricas, onde Guerreiro Ramos traça um histórico de conclaves anteriores sobre o tema e destaca a importância deste evento como um marco no trato da questão negra no Brasil. Diz o autor que "o I Congresso do Negro Brasileiro se coloca na linha de todas essas iniciativas, embora as ultrapasse por muitos motivos". Quais motivos? Para o sociólogo, "ele foi ao mesmo tempo um certame de objetivos científicos, em que se procurou estudar a questão racial à luz da sociologia e da antropologia, e um movimento político, no sentido amplo do termo, em que os negros procuraram e conseguiram lançar as diretrizes fundamentais do movimento nacional de recuperação econômica e social da gente de cor" (Ramos, 2023, p. 89).

O terceiro escrito volta com uma elaboração teórica. Guerreiro Ramos adianta reflexões a serem apresentadas de forma sistemática na sua teoria da patologia social do "branco" brasileiro. O autor abre sua argumentação afirmando que psiquiatras e antropólogos vêm demonstrando em estudos que pessoas "pigmentadas" em sociedades ocidentais são induzidas a considerar a cor branca como um "símbolo da 'excelência'". Cita o estudo de Melville Herskovits sobre a sociedade estadunidense e de Roger Bastide sobre o Brasil para ilustrar com exemplos essa tendência a identificar-se com o branco pelas populações negras – nesse caso, EUA e Brasil seriam exemplos de sociedades ocidentais.

Depois de detalhar o estudo de Roger Bastide sobre o tema, Guerreiro destaca que não se trata de um problema individual, a vontade deste ou daquele individuo negro de "branquear-se". Fala de um "complexo de inferioridade do negro brasileiro", com um olhar para dinâmica sistemática de produção da subjetividade, e indica a necessidade de pensar a questão por dois prismas: "uma discussão em torno da explicação desse complexo" e "a discussão do seu tratamento e de sua erradicação em massa" (Ramos, 2023, p. 94). No parágrafo seguinte, ainda que carecendo de maiores desenvolvimentos, o autor aponta as determinações deste complexo de inferioridade:

> As estimações, as preferências, as idealizações do negro brasileiro são condicionadas por sua situação econômica, social e política. ***A cultura ocidental, elaborada por populações brancas, moldou o seu sistema axiológico à sua semelhança***. Seus dentes são brancos, ***seus símbolos de prestígio são brancos***. Introduzidos nessa cultura que não elaboram, os negros assimilaram os seus valores, e porque os assimilaram manifestam no seu comportamento, consciente e inconscientemente, a tendência de identificar-se com o branco. Mas essa tendência é uma espécie de vetor, de caráter precário e circunstancial. Não é nada orgânico ou instintivo (...) ***Os problemas psicológicos do negro brasileiro são, portanto, culturalmente condicionados***. A própria organização social do Brasil engendra uma patologia. É essa organização mesma que é neurótica. É essa organização mesma que tem que ser objeto de um tratamento, se se pretende uma reabilitação psi***cológica das massas de cor***. ***O aspecto prático do problema do negro é este***. Seu exame, porém, não cabe aqui e fica adiado para outra oportunidade (Ramos, 2023, p. 94-95, grifos nossos).

Nesse texto, como fica flagrante, tem início uma relativização da ideia de que a população negra precisa se "adestrar no estilo da classe dominante" e se "ocidentalizar". Guerreiro Ramos apresenta a formação do Ocidente como uma obra não-universalista de brancos. Essa obra não-universalista promove um complexo de inferioridade nos negros, dado que a "cultura ocidental" não foi elaborada pela população negra, e foi formada com uma gramática social de negativação do ser negro. Nesse sentido, a ausência de valores e habilidades importantes para a disputa no mercado capitalista não seriam responsabilidade única ou principalmente do negro, mas sim expressões de uma organização macrossocial que precisa ser "objeto de tratamento".

Também é importante destacar que nesse escrito, comparado com a entrevista de 1946 que debatemos acima, some a dimensão de classe da questão negra e a ideia de que "planificar a economia" e "elevar o nível econômico das classes pobres" vai solucionar por si só a questão negra. Guerreiro Ramos começa então uma formulação sobre as particularidades da questão racial como parte dos desafios gerais de transformação do país, dando início à elaboração sobre uma tarefa específica, no âmbito do projeto nacional, a ser realizada para superar o racismo.

No texto seguinte, *Senhores e escravos no Brasil*, encontramos vários elementos novos surgindo na reflexão do autor. Guerreiro começa descrevendo a tendência dos estudos brasileiros sobre a escravidão de explicar esse processo histórico preferencialmente pela chave da "conciliação do que da luta e do conflito permanente". Esses estudos ajudaram a formar um estereótipo do "bom senhor, tolerante, paternal e do escravo submisso e acomodado" (Ramos, 2023, p. 96).

Desta constatação, o autor avança em hipóteses para explicar a dominância desse tipo de literatura. Começa se perguntando: será que esse estereótipo não é uma "elaboração ideológica, uma racionalização de escritores brancos ou de qualquer forma ligados à estrutura de dominação do branco?" Em seguida, faz outra pergunta importante: "se os estudos sobre negros fossem realizados preponderadamente por negros, não teriam eles assumido um outro caráter? Essa indagação está desafiando quem quer que seja capaz de aproveitar os atuais recursos da sociologia do conhecimento" (Ramos, 2023, p. 97).

No decorrer de todo o escrito, Guerreiro cita trabalhos novos, como de Amaury Porto de Oliveira, que buscavam repensar a historiografia sobre a escravidão no Brasil e questionar os mitos e estereótipos consolidados nesse campo de estudos. É fundamental perceber a linha de continuidade e desenvolvimento entre *Narcisismo branco do negro brasileiro* e *Senhores e escravos no Brasil*. Guerreiro formula uma crítica a uma concepção não-universalista na criação da "cultura ocidental", produtora de um complexo de inferioridade do negro. No escrito seguinte, indo para história brasileira, aponta novamente para uma produção teórica feita por brancos ou ligados à estrutura de dominação do branco que produzem estereótipos que também desaguam na inferiorização do negro.

Contudo, no debate sobre escravidão no Brasil, para além de erros teóricos-metodológicos ou pesquisas insuficientes, o sociólogo baiano questiona o lugar político do sujeito da produção de conhecimento, levando a hipótese de que se os estudos sobre o negro tivessem sido realizados por negros, poderiam ter assumido outro caráter. Vai configurando-se, aos poucos, uma teoria da dominação racial pela chave de análise da produção da cultura, ciência e subjetividade.

Este desenvolvimento teórico de Guerreiro Ramos ganha novos contornos com o texto *Os estudos sobre o negro brasileiro*. Nesse escrito, o autor passa em revista os estudos sobre o negro no Brasil e ataca o "academicismo" e o "epicurismo sociológico interessado nos aspectos pitorescos da questão". Um mero "descrever, estudar por estudar" (Ramos, 2023, p. 101). O autor aponta não só para um problema de forma nesses estudos, como também problemas graves no próprio conteúdo:

> O negro tem sido estudado, entre nós, como palha ou múmia. A quase totalidade dos estudos sobre o tema implica a ideia de que a abolição tenha sido uma resolução definitiva do problema das massas de cor. Depois daquele cometimento espetacular, nada haverá que fazer senão estudar um negro do ponto de vista estático. E, assim, os especialistas entraram na pista dos trabalhos de reconstituição histórica, do folclore e de certa antropologia descritiva, por excelência (Ramos, 2023, p. 101).

Guerreiro Ramos aponta para um debate equivocado, desvinculado da práxis, analisando a questão negra por aspectos "pitorescos" e como elemento estático, tema do passado, como se analisaria povos "primitivos" que não existem mais. Esse padrão de produção teórica, para o sociólogo, cria uma "falsa consciência da questão" e ajuda a tranquilizar "a consciência das elites". Sem negar elementos de utilidade a esses estudos, indica a origem dos marcos teóricos-políticos errados nos estudos sobre o negro.

Começa dizendo que esse olhar teórico de buscar o pitoresco, estático e meramente descritivo é esperado de "antropólogos, sociólogos, folcloristas de outros países", afinal, essa "atitude e essa preferência justificam-se como um dos correspondentes do complexo imperialista daqueles países". Em continuidade, indica que "nossa antropologia, nossa sociologia do negro, quiçá de quase todos os outros temas, é que poderíamos ser menos inocentes ou diversionistas, menos artigo de importação" (Ramos, 2023, p. 102).

Antes de prosseguirmos, é fundamental destacar os elementos da reflexão do autor. A questão negra no Brasil é estudada desde uma perspectiva academicista, descolada da práxis. Esses estudos estão marcados por amplos erros teóricos, metodológicos e políticos e esses equívocos são explicados por uma tendência à importação de ideias produzidas nos países centrais do capitalismo, marcados pelo "complexo imperialista". Guerreiro caminha para colocar o problema do colonialismo cultural como elemento central do debate sobre a questão racial no Brasil. Colonialismo cultural em dois vetores: os critérios positivos de gramática social – o que é belo, excelente, desejado, etc. – produzidos pelo branco na cultura ocidental, e o lugar do negro nessas sociedades, analisando-o a partir dos paradigmas teóricos produzidos nos países imperialistas.

No raciocínio do autor fica implícita a compreensão que o caráter academicista e descolado da práxis desses estudos é um resultado necessário do descolamento da realidade nacional, dado que, ignorando as particularidades da questão negra no Brasil, não é possível uma ação política de resolução. Nesse sentido, o olhar teórico para o negro como ser estático e mumificado é algo socialmente imperioso da legalidade imanente destes estudos. O fio condutor da reflexão pode ser sintetizado em dois vetores: questão nacional e colonialismo cultural.

Contudo, como uma espécie de superação incompleta das suas abordagens anteriores, o autor tem dificuldade de ultrapassar certos erros de análise, mesmo avançando em um novo marco teórico de compreensão das relações de raça no Brasil. Sem uma boa conexão com o parágrafo anterior que citamos acima, diz em seguida que esses estudos errados ajudam a "travar o processo de evolução cultural das massas de cor, porque, de certa maneira, instalaram entre nós um certo saudosismo" (Ramos, 2023, p. 102).

O sociólogo, incrivelmente, fala de saudosismo em referência às religiões de matriz africana, chamada de "religiosidade mágica", e diz que as massas de cor deveriam aderir, por exemplo, "ao protestantismo e ao catolicismo, traços mais operativos no incipiente capitalismo brasileiro" (Ramos, 2023, p. 103). É notável perceber como Guerreiro Ramos não consegue refletir, nesse momento de sua obra, sobre o papel do cristianismo e da Igreja Católica na criação do que chamou de "narcisismo branco do negro brasileiro" e nos padrões axiológicos da nossa gramática social de inferiorização do negro – reflexão que aparecerá em 1955. Aliado a isso, Guerreiro Ramos se mostra bastante resistente a analisar as religiões de matriz africana como elemento de resistência, autoestima e coesão de grupo frente às pressões econômicas, políticas, ideológicas, culturais e subjetivas produzidas pelo racismo.

Depois desse apontamento descolado do conjunto da reflexão sobre a religião, o autor volta-se para a grande tarefa do pós-abolição ainda não realizada, citando Joaquim Nabuco e seu livro *O abolicionismo*. O trecho citado coloca relevo na ideia de "adaptar à liberdade" a sociedade moldada pela escravidão. Fica implícito que Guerreiro Ramos cita Joaquim Nabuco como alguém que pensou a superação do racismo no Brasil como obra por fazer-se, conectando a análise a uma práxis política.

A partir da reivindicação de uma tradição posta por Joaquim Nabuco, afirma que temos dois temas fundamentais: "o da evolução do nível moral, cultural e econômico das massas de cor através de mecanismos de cooperação específicos para o negro e o da reeducação das camadas brancas e brancoides" (Ramos, 2023, p. 104). Novamente, Guerreiro Ramos adianta aspectos de sua teoria da patologia social do "branco" brasileiro, quando fala da "reeducação das camadas brancas e brancoides". A impressão que passa, olhando os textos em conjunto, é que o autor percebia um forte elemento de inovação que introduziria no debate brasileiro sobre a questão racial e vai tateando, apresentando aos poucos a ideia – ou, então, apresentava fragmentos da reflexão de maneira concomitante ao andamento da formulação.

O central é perceber o enriquecimento que a formulação teórica do autor vive no decorrer do ano de 1950 – no livro *Negro sou*, nas últimas páginas, temos a fonte original de cada texto com data e às vezes mês de publicação. Olhando em conjunto, as inovações e descobertas que o autor fazia no seu debate sobre a sociologia e o Brasil vão paulatinamente aparecendo na reflexão sobre a questão racial. Temas como uma sociologia voltada à práxis, o colonialismo cultural e a importação de ideias, o problema do academicismo, a busca por uma corrente nacional e original de interpretação da realidade brasileira (e construção de uma sociologia fincada nas condições brasileiras), a dimensão colonial da economia brasileira e a construção de um capitalismo nacional vão se entrelaçando e enriquecendo com o debate sobre o racismo no Brasil.

Contudo, depois desses escritos que analisamos acima, o autor passa dois anos sem publicar sobre o tema. Só em 1952 é que volta a lançar um escrito sobre a questão negra, intitulado *Um herói da negritude*. O texto é uma homenagem a Aguinaldo Camargo, advogado, agrônomo, ator, filósofo e pensador multifacetado. Aguinaldo morreu precocemente, em 1952, fruto de um atropelamento. O texto de Guerreiro é poético, bonito, carregado de emoção. Mas não fica alheio ao escrito de homenagem uma reflexão sociológica. No trecho mais importante para os fins do debate que estamos fazendo, diz Guerreiro Ramos:

> A tese da negritude, afirmada por uma elite de intelectuais de cor, e que se concretiza no Teatro Experimental do Negro, representa uma superação do imperialismo antropológico e sociológico à luz do qual tem sido considerado o chamado problema do negro no Brasil. A concepção ortodoxa que os nossos mais prestigiados antropólogos e sociólogos têm do negro brasileiro é uma transplantação cultural, algo estranho à cultura brasileira. Quero dizer, os nossos antropólogos e sociólogos veem o problema do negro brasileiro como os seus colegas norte-americanos e europeus. Daí terem explorado o aspecto exótico e pitoresco do tema, exatamente como o faria o estudioso estrangeiro recém-chegado ao Brasil (Ramos, 2023, p. 108).

Como podemos ver, segue forte a ideia de que é no colonialismo cultural que devemos procurar a raiz das interpretações equivocadas sobre o negro brasileiro. E Guerreiro Ramos localiza na prática do

TEN o início dessa superação do "imperialismo antropológico e sociológico". Depois disso, o sociólogo só volta ao tema em 1953, marco inicial do confronto entre Guerreiro e Luiz Aguiar Costa Pinto (1920-2002).

Guerreiro Ramos dedica a essa luta os textos *A Unesco e o negro carioca*, *Sociologia clínica de um baiano "claro"*, *O negro, a Unesco e o carreirismo* e *Uma redefinição do problema do negro* – este último, publicado em dezembro de 1953. Nesses quatro textos, o pensador baiano acusa Costa Pinto de carreirismo, plágio, falta de rigor teórico e qualidades morais, falso pioneirismo e afins. Como não temos acesso aos textos de Costa Pinto no livro *Negro Sou*, podemos ficar com a impressão de uma agressividade desnecessária ou desmedida de Guerreiro Ramos. Mas é preciso cuidado com essa análise.

Costa Pinto também expressou dura agressividade e ataques contra Guerreiro e chegou a classificá-lo como "mulato pernóstico". O escrito *Sociologia Clínica de um baiano "claro"*, por exemplo, é uma resposta direta de Guerreiro ao livro de Costa Pinto, quando o autor, devolvendo o ataque, faz uma análise da personalidade sociologicamente condicionada do seu adversário teórico e político. Muryatan Barbosa, em sua já citada dissertação de mestrado, diz que a análise de Costa Pinto "proporcionou, nesse caso, um exemplo lapidar de sua teoria das relações raciais, mostrando como um hipotético membro da elite branca não podia aceitar, pacificamente, a incorporação de indivíduos negros ou mestiços a sua estirpe" (Barbosa, 2015, p. 165).

Nesses escritos, embora Guerreiro fale de si, como se Costa Pinto buscasse apagar sua obra, o seu foco é defender o lugar de pioneirismo e inovação do TEN nos estudos e compreensão das relações de raça no Brasil. Esse é o ponto mais interessante dos textos recheados de bons ataques: para o nosso sociólogo, não existe uma separação rígida entre produção teórica e ação prática, com a existência do TEN, a partir de sua atividade, representando em si uma abertura de novos horizontes teóricos e científicos.

Barbosa, citando Marcos Chor Maio, destaca que a polêmica com Costa Pinto foi determinante na produção teórica de Guerreiro Ramos. Essa luta teria confirmado as "convicções críticas" do nosso sociólogo a respeito dos "estudiosos de relações raciais no país", e ele diz que "é provável que sem Costa Pinto e seu livro *O negro no Rio de Janeiro*, Guerreiro não houvesse escrito *O problema do negro na sociologia brasileira*, *O negro desde dentro* e a *Patologia Social do 'branco' brasileiro*" (Barbosa, 2015, p. 165-166). No próximo capítulo, vamos analisar os escritos citados acima para chegar ao ponto alto da reflexão de Guerreiro Ramos sobre a questão racial.

O meio caminho de Guerreiro Ramos: imperialsmo e questão racial sem luta de classes

No capítulo anterior, concluímos falando do confronto teórico-político entre Luiz Aguiar Costa Pinto e Guerreiro Ramos e como essa peleja foi fundamental para os trabalhos posteriores deste, como *O problema do negro na sociologia brasileira*. Este escrito, publicado originalmente em 1954, no *Cadernos do Nosso Tempo* (Ibesp, Rio de Janeiro), é o de maior fôlego presente na coletânea de textos do livro *Negro Sou*. Trata-se de uma reflexão sobre a questão racial no Brasil, mas vai além disso. É um estudo corajoso sobre a história do pensamento social brasileiro, suas condicionantes, problemas e potencialidades.

Nesse escrito, o sociólogo começa falando da farta literatura de caráter "histórico e socioantropológico" produzida por autores nacionais e estrangeiros sobre a população negra no Brasil, mas destaca que esta literatura, na contemporaneidade (ou seja, em 1954), revela-se em "contradição com as tendências de autonomia espiritual e material do Brasil" (Ramos, 2023, p. 136). No parágrafo seguinte, Guerreiro Ramos aponta o centro dessa contradição: "o negro tem sido estudo, no Brasil, a partir de categorias e valores induzidos predominantemente da realidade europeia. E assim, do ponto de vista da atitude ou da ótica, os autores nacionais não se distinguem dos estrangeiros, no campo em apreço" (Ramos, 2023, p. 2023).

Nos dois primeiros capítulos deste livro, vimos como o sociólogo baiano apresentou em vários textos anteriores o problema do "imperialismo sociológico e antropológico" nos estudos sobre o negro no Brasil. Para Guerreiro, a alienação da realidade nacional e o colonialismo cultural – termo, não custa lembrar, que não é de uso corrente na obra do autor –, uma prática permanente de importação acrítica de ideias, teorias, conceitos, etc; e uma atitude científica e política academicista, descolada da práxis, consiste no cerne dos erros do debate nacional sobre o racismo.

Contudo, é nesse escrito que ele busca demonstrar em detalhes a sua tese. O que antes era um conjunto de afirmações com fundamentação fragmentária e um tanto rápida demais, aqui ganha um caráter sistemático. Começa na fundamentação da necessidade intransponível de existir uma sociologia nacional em cada país que é, de fato, uma nação – com superação de sua fase colonial ou de qualquer forma de heteronomia. Para o sociólogo, em 1954, só existia em pequeníssima escala, uma "ciência brasileira". O trabalho científico no Brasil – diz o autor – "carece, em larga margem, de funcionalidade e de autenticidade. De um lado, porque não contribui para a autodeterminação da sociedade; de outro lado, porque o cientista indígena é, via de regra, um *répétiteur*, hábil muitas vezes, um utilizador de conceitos pré-fabricados, pobre de experiências cognitivas genuinamente vividas e, portanto, vítima dos 'prestígios' dos centros europeus e norte-americanos de investigação" (Ramos, 2023, p. 137).

É necessário dizer que o termo "cientista indígena" não significa indígena no sentido comum de povos originários, mas de local, nacional do Brasil. Dito isso, perceba que não temos uma ciência brasileira consolidada porque não temos um campo científico funcional à "autodeterminação da sociedade", que para Guerreiro Ramos, era a principal função da ciência, em particular da sociologia, nas condições brasileiras do momento; ao mesmo tempo, os nossos cientistas se alimentam do prestígio dos centros imperialistas, repetindo suas formulações, ausentes de uma práxis genuinamente vivida junto ao povo brasileiro.

Essa realidade brasileira está em contradição com a própria natureza científica das ciências humanas. Para Guerreiro, existem os "princípios gerais de conhecimento positivo universal" e, ao mesmo tempo, e com vários sentidos, uma ciência nacional em "todo país de cultura autêntica". A autenticidade da cultura diz respeito a sua articulação concreta, direta ou indireta, com um "projeto nacional de desenvolvimento – o que transparece nos objetos em que incide" e na localização dos problemas científicos radicando-se em "situações historicamente concretas" – mesmo quando intrinsecamente abstratos (Ramos, 2023, p. 137).

Dessa reflexão, Guerreiro afirma as diferenças de problemática científica entre países como Rússia, Estados Unidos, França, Inglaterra, Alemanha: a diferença se fundamenta nas "necessidades práticas da sociedade". Essas necessidades práticas só assumem a forma racionalizada de ciência nacional com um "labor contínuo" e com os especialistas de uma mesma época em cooperação. A ciência nacional não se forma pela "justaposição de conhecimentos ou pela mera sucessão abrupta de orientações" (Ramos, 2023, p. 138).

Com esse diagnóstico, o sociólogo passa a debater a ausência de uma ciência nacional a partir do exemplo da antropologia. Afirma que esta disciplina científica está "fortemente alienada do meio brasileiro, já por suas categorias, já pela sua temática". A antropologia "brasileira" é vassala da produção estadunidense e europeia que "têm sido, em larga margem, uma racionalização da espoliação colonial" (Ramos, 2023, p. 138). Cita o conceito de raça oriundo dessa produção antropológica para indicar como a alienação da realidade nacional tem sido nociva ao Brasil – ao mesmo tempo que destaca resistências e contra tendências, como as obras de Sílvio Romero, Euclides da Cunha e Álvaro Bomílcar (Ramos, 2023. p. 139).

No desenvolvimento da crítica à antropologia produzida nos centros imperialistas e assimilada na periferia do sistema, Guerreiro Ramos destaca o caráter quietista das abordagens, a estetização e naturalização do atraso e da miséria e como a problemática da mudança social é analisada desde de uma perspectiva meramente superestrutural, adaptado à dinâmica de ação de agências educacionais e sanitárias. Conclui o raciocínio sobre a antropologia com um longo trecho que precisamos citar integralmente.

> Os nossos grandes problemas "antropológicos" – o do índio e o do negro – são aspectos particulares do problema nacional de caráter eminentemente econômico e político. Daí resulta que, sem estribar-se na teoria geral da sociedade brasileira, o antropólogo, em nosso país, se expõe a tornar-se uma espécie de "mercenário inconsciente", um "inocente útil" ou, na melhor das hipóteses, um esteta. Rigorosamente, é lícito afirmar que, em um país como o Brasil, o trabalho antropológico terá sempre sentido dispersivo se não se articular com o processo de desenvolvimento econômico. Na fase em que se encontra, o mero aspecto "antropológico" dos seus problemas é acentuadamente subsidiário. Nossos problemas culturais, no sentido antropológico, são particulares e dependentes da fase de desenvolvimento econômico do Brasil. A mudança faseológica de nossa estrutura econômica automaticamente solucionará tais problemas (...) Nessas condições, os nossos patrícios, cultores desta matéria, têm diante de si uma tarefa ciclópica, qual a de, utilizando o acervo de conhecimentos acumulados universalmente neste campo, induzirem da realidade nacional os seus critérios de pensamento e ação. Pois jamais serão científicas obras resultantes da imitação servil ou de transplantação liberal de conceitos e atitudes (Ramos, 2023, p. 141).

Guerreiro, nesse trecho, convida os antropólogos a mergulhar na realidade nacional, tirando dela, a partir da práxis, os conceitos e problemas científicos. Clama por um compromisso com um projeto nacional de desenvolvimento que tem como objetivo criar um capitalismo nacional, democrático, industrializado, com elevação das condições de vida (material e cultural) do povo brasileiro e considera que superar a fase colonial ou dependente da vida brasileira é a questão totalizante por excelência, subordinando e englobando todas as obras, tornando-as "secundárias". Para nosso sociólogo, estudos culturais descomprometidos com o enfrentamento à dependência tornam o antropólogo um esteta da situação existente.

É fundamental notar que, nesse momento, de forma semelhante a sua primeira entrevista sobre a questão racial (abordada no capítulo anterior), Guerreiro Ramos considera que um projeto econômico de superação da dependência vai por si só resolver o "problema do negro e do índio". Contudo, é importante frisar que dessa vez o sociólogo fala de resolução na dimensão "antropológica" do problema. Diferentemente de 1946, o debate não é que não existe uma questão racial, mas, sim, um problema econômico que, de forma superficial, aparece como antagonismo racial. Esse antagonismo existe, mas no plano da cultura, tomando em si, a partir do trabalho de "agências educacionais e sanitárias", nada será solucionado.

Mas o que significaria, em termos concretos, a solução da dimensão "antropológica" do problema do negro no Brasil? Caso atingisse a emancipação nacional, superando a fase colonial ou dependente, que tipo de estruturas racistas restariam no país? No decorrer da análise, veremos como Guerreiro Ramos responde a essa pergunta a partir de sua formulação sobre a estética social brasileira.

Depois desse debate preliminar sobre a ausência de uma ciência nacional e o exemplo da antropologia, Guerreiro Ramos começa a traçar a história dos estudos sobre o negro no Brasil. Registra três correntes: a) a crítico-assimilativa frente a ciência social estrangeira, fundada por Sílvio Romero e continuada nas obras de Euclides da Cunha, Alberto Torres e Oliveira Viana. Para nosso autor, essa corrente buscava uma formulação sobre o "tipo étnico brasileiro" e não pensar a extrema peculiaridade de cada um dos "contingentes formadores da nação". Aliado a isso, a corrente crítico-assimilativa contribuiu para "arrefecer qualquer tendência" a considerar o negro de "ângulo do exótico" ou "como algo estranho na comunidade" (Ramos, 2023, p. 142); b) a segunda corrente é a monográfica, fundada por Nina Rodrigues e continuada nas obras de Arthur Ramos, Gilberto Freyre e "seus imitadores". Essa corrente tornou o negro um "assunto", "tema de especialistas", focado no passado e nas "sobrevivências daquele no presente", tendo um hiper foco no que particularizaria a população negra frente à "comunidade nacional" (Ramos, 2023, p. 142-43); c) já a terceira corrente não é um campo teórico-político. É constituída pelas práticas políticas de transformação da condição humana do "negro na sociedade brasileira" e seus atores se registram "desde a época colonial". Guerreiro coloca em situação de igualdade analítica a prática político-organizativa dos negros e negras escravizados e alforriados com as correntes teóricas de estudos sobre o negro (Ramos, 2023, p. 143).

Não faz sentido reconstituir as análises do sociólogo sobre cada autor, isso deixaria o texto demasiado grande e fugiria de nossos objetivos. Mas cabe destacar, para quem alertou-se com nomes como Oliveira Viana (de obra abertamente racista e defensor da tese do branqueamento da população brasileira) ou Euclides da Cunha (adepto de teorias sobre o caráter biologicamente negativo da mestiçagem), que Guerreiro Ramos não desconsidera esses elementos. O que ele busca mostrar é que mesmo com erros e abordagens racistas, os autores da corrente crítico-assimilativa, com várias diferenças entre si, procuraram ancorar sua produção teórica na realidade nacional, expressando desconfiança ou crítica aberta à importação de ideias como chave para explicar o Brasil.

Contudo, precisamos citar um trecho da análise do pensador baiano sobre Alberto Torres. O autor abre a seção do seu ensaio sobre Torres citando as restrições e problemas na obra do autor de *A organização Nacional*. Uma das críticas é que Alberto Torres "negligenciou, portanto, o condicionamento da psicologia do povo brasileiro e de suas elites pelas condições materiais do país e, assim, incorreu em enganos e erros em muitos aspectos do seu diagnóstico e de sua terapêutica do 'problema nacional'" (Ramos, 2023. p. 152). Voltaremos a essa reflexão em breve.

Para Guerreiro Ramos, é com Nina Rodrigues que inicia-se no Brasil a prática de tomar o "negro como tema". Essa corrente toma o "negro como tema" a partir de um prisma do "negro como problema". O sociólogo é taxativo ao afirmar que todos dessa corrente monográfica veem o negro "como algo estranho, exótico, problemático, como não Brasil, ainda que alguns protestem o contrário" – e também insere nessa crítica a obra de Roger Bastide, Florestan Fernandes e Thales de Azevedo (Ramos, 2023, p. 169).

Criticando os fundamentos dessa abordagem do "negro como problema", tendência da corrente monográfica, Guerreiro nega uma especificidade religiosa da população negra, afirmando a adesão destes ao cristianismo desde o começo do século e a suposta maior propensão de negros a práticas criminais, ponderando que "a maior frequência de indivíduos pigmentados na estatística de certos crimes decorre necessariamente de sua predominância em determinadas camadas sociais. Assinala um fenômeno quantitativo e não qualitativo"; e, por fim, nega existir "tendências específicas essenciais na vida associativa" (conjugal, profissional, moral, etc.). E conclui o raciocínio dizendo que "o fato é que o negro se comporta sempre essencialmente como brasileiro, embora, como o dos brancos, esse comportamento se diferencie segundo as contingências de região e estrato social" (Ramos, 2023. p. 171-172).

Guerreiro erra buscando o caminho certo. É fato que a maioria da população negra – no começo do século XX, em 1954 e nos dias de hoje – é aderente à religião majoritária, nas diversas variantes do cristianismo. Mas isso não justifica tratar as religiões de matriz africana (chamadas de "religiões primitivas") como meras reminiscências, detalhe destinado a desaparecer ou desconsiderar as diversas formas de adaptação e refuncionalização do cristianismo em contextos específicos – desnecessário citar, por exemplo, as diversas irmandades negras católicas ou a mescla entre cultos afro brasileiros e católicos em torno de santos/orixás. O nosso sociólogo é fixado na ideia das religiões de matriz africana como um complexo social pré-moderno, sem possibilidades de funcionalidade progressiva no presente e no futuro. Nesse sentido, é possível dizer que Guerreiro padece de uma abordagem eurocêntrica, alienada da realidade nacional, no trato das religiões de matriz africana – o que é uma suprema ironia para um crítico tão contundente do eurocentrismo. Compare, por exemplo, as abordagem de Clóvis Moura em *Sociologia do Negro brasileiro*[6] e *O negro de bom escravo a mau cidadão?*[7] sobre a religiosidade afro-brasileira com as do sociólogo baiano e veremos a pobreza teórica e analítica deste último – nessa comparação, alguém pode afirmar que Clóvis Moura escreveu bem mais sobre o tema, dedicando mais atenção. Isso é um fato. Mas o desleixo temático de Guerreiro tem origem em sua visão teórica equivocada.

No segundo aspecto, o das estatísticas criminais, é possível deduzir que quando o sociólogo fala da predominância de negros em certas "camadas sociais", esteja abordando a sobrepresença nas classes trabalhadoras (incluídas ou não no mercado de trabalho formal). Embora não esteja errada, essa abordagem é limitada. A maior predominância de negros em estatísticas criminais é resultante da desigualdade entre as classes de poder político, econômico e ideológico que torna mais criminalizável certas condutas em detrimento de outras. O Brasil, hoje, encarcera milhares de pessoas por comércio ilegal de drogas no varejo e não faz o mesmo com quem realiza desmatamento, sonegação e evasão fiscal, violação de direitos trabalhistas ou casos de trabalho análogo à escravidão, por exemplo.

O que é criminalizado primariamente (definir o que é crime) e secundariamente (punir efetivamente os crimes) é determinado por relações de poder que já induzem uma específica produção de estatísticas criminais e as "cifras ocultas". Não é fato dado que "pobres" cometam mais crimes que "ricos". É fato que as condutas e práticas dos "pobres" são mais criminalizáveis (primária e secundariamente) que a dos "ricos". E, considerando um país racista como o Brasil, a dominação racial atua como um reforço dessa criminalização seletiva. Em 1954, quando Guerreiro escreveu seu ensaio, a

---

6 São Paulo: Editora Perspetiva, 2019.

7 São Paulo: Editora Dandara, 2021.

criminologia crítica ainda ensaiava seus primeiros passos. As obras paradigmáticas dessa perspectiva crítica são *Punição e estrutura social* (1939) de Georg Rusche e Otto Kirchheimer;[8] *Cárcere e Fábrica: as origens do sistema penitenciário* (1977) de Dario Melossi e Massimo Pavarini;[9] e *Vigiar e Punir: nascimento da prisão* (1975) de Michel Foucault.[10] Para a época, portanto, esse erro de Guerreiro é totalmente compreensível – erro, insisto, de conclusão, mas que se direciona por um caminho correto, questionando uma leitura naturalista e racista das estatísticas criminais.

Por fim, o nosso sociólogo também acerta ao criticar a busca por hiper particularismos na vida social da população negra. Mas chega ao outro extremo de negar quaisquer particularidades, reduzindo as diferenças a determinantes de região e estrato social. Ora, justamente por vivermos numa sociedade racista, existem especificidades em modos de organização e experimentação de dinâmicas coletivas por parte da população negra. Negar o papel das organizações negras específicas – escolas de samba, terreiros, grupos de capoeira, associações culturais, etc. – e suas consequências nos diversos aspectos da vida cotidiana não faz sentido nenhum. Guerreiro acerta quando diz que o negro se comporta sempre como essencialmente brasileiro, mas brasileiros constituídos por uma organização societária racista que impõe formas específicas de viver o ser nacional.

Mas voltemos ao texto em análise. Depois de criticar os fundamentos da corrente que trata o negro como problema, o sociólogo vai além e diz, sem citar quaisquer fontes ou estudos, que "graças ao desenvolvimento econômico e social do país, elementos de cor se encontram, de alto a baixo, em todas as camadas sociais, e só em algumas instituições vigoram ainda fortes restrições para o seu acesso a determinadas esferas" (Ramos, 2023, p. 172). Guerreiro

---

8 Rio de Janeiro: Editora Revan, 2019.

9 Rio de Janeiro: Editora Revan, 2021.

10 Rio de Janeiro: Editora Vozes, 2013.

considerava, como mostramos acima, que a emancipação econômica do país iria resolver por si só a "dimensão antropológica" da questão negra. Agora afirma que no plano da mobilidade social, já temos negros em todas as camadas sociais e só em algumas poucas instituições ainda figura o preconceito.

Ou seja, o processo econômico que iria emancipar todo o povo brasileiro – e solucionar a "dimensão antropológica" da questão negra e indígena – já estava em curso e com resultados visíveis, mesmo assim, contudo, ainda existe uma questão racial no país – aspectos de opressão ou discriminação contra a população negra. Por quê? A partir de qual fundamento? O autor responde à questão dessa forma: "o que parece justificar a insistência com que se considera como problemática a situação do negro no Brasil é o fato de que ele é portador de pele escura. A cor da pele do negro parece constituir obstáculo, a anormalidade a sanar. Dir-se-ia que na cultura brasileira o branco é o ideal, a norma, o valor, por excelência" (Ramos, 2023, p. 172).

Depois dessa afirmação, Guerreiro se apressa em dizer que a insignificância do tema é apenas aparente, indicando ser essa a questão central para a permanência da corrente monográfica que trata do "problema do negro" (Ramos, 2023, p. 172). Em seguida, o sociólogo desenvolve uma longa argumentação – rica de exemplos – sobre como o colonialismo europeu impôs uma estética social de positivação do branco (europeu) e de negativação dos povos colonizados. Para Guerreiro, o problema brasileiro é persistir uma estética social alienada, fora dos critérios da realidade nacional, eurocêntrica e que negativa o negro em si, inume a quaisquer fatos e transformações da situação deste grupo social.

> Ora, o Brasil, como sociedade europeizada, não escapa, quanto à estética social, à patologia coletiva acima descrita. ***O brasileiro em geral, e especialmente o letrado, adere psicologicamente a um padrão estético europeu e vê os acidentes étnicos do país e a si***

> ***próprio do ponto de vista deste.*** Isso é verdade tanto com referência ao brasileiro de cor como ao claro. Esse fato da nossa psicologia coletiva é, do ponto de vista da ciência social, de caráter patológico, ***exatamente porque traduz a adoção de um critério artificial, estranho à vida, para avaliação da beleza humana***. Trata-se, aqui, de um caso de alienação que consiste em renunciar à indução de critérios locais ou regionais de julgamento do belo ***por subserviência inconsciente a um prestígio exterior*** (...) ***O que explica, portanto, esse "problema" de nossa ciência social é uma alienação, uma forma mórbida de psicologia coletiva, a patologia social do brasileiro e do baiano, principalmente***. Pode-se dizer, no caso, que se está diante daquilo que Erich Fromm chama de *socially patterned defect*, de um defeito socialmente padronizado, que o indivíduo reparte com os outros, o que lhe diminui o caráter de defeito e o transforma em uma verdadeira virtude (...) ***A mim parece necessário seguir essa pista na análise do nosso "problema do negro", negligenciando mesmo os seus aspectos econômicos.*** O que nos interessa aqui é focalizar a questão do ângulo psicológico, enquanto socialmente condicionado, é atingir a sociologia funcional e científica do negro, inteiramente por fazer até agora, desde que os estudos da questão se rotulam de sociológicos e antropológicos não são mais do que documentos ilustrativos da ideologia da brancura ou da claridade (Ramos, 2023, p. 177-178, grifos nossos)

O fundamento da negativação da população negra é uma estética social alienada, eurocêntrica, antinacional, fruto direto dos séculos de colonialismo com o expansionismo europeu. O sociólogo diz mais: é necessário sublinhar o aspecto psicológico e negligenciar a dimensão econômica. Essa afirmação é coerente com a compreensão do autor de que a emancipação econômica nacional já está em processo, com a superação da fase colonial ou dependente em curso. A partir disso, é como se existisse um desencontro entre a base material e a superestrutura e cabe, agora, uma práxis política direcionada à produção científica, cultural e de identidade nacional produzir não só uma ciência nacional brasileira, como uma nova estética social, ancorada "na vida", na nossa realidade.

Nessa tarefa, tem função central a ação do "homem de pele escura" que vai ser sujeito privilegiado de uma compreensão objetiva da questão negra no Brasil. E por que tem o negro essa posição? Bem, para o sociólogo, "começa-se a melhor compreender o problema quando se parte da afirmação – *niger sum* [negro sou]. Essa experiência *niger sum*, inicialmente é, pelo seu significado dialético, na conjuntura brasileira em que todos querem ser brancos, um procedimento de alta rentabilidade científica, pois introduz o investigador em perspectiva que o habilita a ver nuanças que, de outro modo, passariam despercebidas" (Ramos, 2023, p. 181).

É preciso meditar com atenção na inovação desse aporte teórico de Guerreiro Ramos. O sociólogo, inspirado diretamente na abordagem filosófica personalista e na influência do movimento negritude, coloca em tela que o sujeito negro, no ato de negar sua desumanização, recusando essa estética social alienada e eurocêntrica, assume um lugar de mirada cientificamente privilegiado da sociedade. O padrão de branquitude eurocentrado é um problema nacional, a todos atinge, mas é na afirmação como pessoa, como humano, que o ser negro coloca-se diante de si a tarefa de descortinar todos os mitos e mentiras desta "patologia social". Tal como vários pensadores afirmam que o socialismo é uma proposta para humanidade – logo, universal –, mas o seu protagonista histórico por excelência é a classe trabalhadora, sujeito vocacionado para essa tarefa pelo seu lugar estrutural nas relações de produção, Guerreiro Ramos realiza reflexão análoga, localizando na população negra, no ato político de sua humanização, o potencial de universalidade na direção de uma compreensão real da nossa particularidade nacional.

Para Guerreiro Ramos, ao afirmar o *niger sum [negro sou]* como princípio,

> Então, descortino a precariedade histórica da brancura como valor. ***Então, converto o "branco" brasileiro, sôfrego de identificação com o padrão estético europeu, num caso de patologia social.*** Então, passo a considerar o preto brasileiro, ávido de embranquecer se embaraçado com sua própria pele, também como ser psicologicamente dividido. ***Então, descobre-se-me a legitimidade de elaborar uma estética social de que seja ingrediente positivo a cor negra.*** Então, afigura-se-me possível uma sociologia científica das relações étnicas. Então, compreendo que a solução do que, na sociologia brasileira, se chama o "problema do negro", seria uma sociedade em que todos fossem brancos. Então, capacito-me para negar validade a essa solução (Ramos, 2023, p. 181, grifos nossos).

Essa reflexão busca pensar uma proposta política antirracista, questionando uma certa construção antinegra da identidade nacional brasileira, sem enveredar-se no labirinto das disputas fratricidas do extremo-particularismo, tristemente tão em moda nos dias atuais. A crítica ao eurocentrismo e à compreensão racista da nossa identidade nacional, caminha para uma proposta de universalidade. É uma nova percepção não apenas dos estudos das relações étnico-raciais no país, como também do nosso próprio ethos nacional.

Buscando aprofundar a reflexão que citamos acima, porém, o sociólogo se enrola novamente na dimensão econômica da questão. Diz que "o problema efetivo do negro no Brasil é essencialmente psicológico e secundariamente econômico". Afirma isso dizendo que "desde que se define o negro como um ingrediente normal da população do país, como povo brasileiro, carece de significação falar de problema do negro puramente econômico, destacado do problema geral das classes desfavorecidas ou do pauperismo. O negro é povo, no Brasil" (Ramos, 2023, p. 182). Diz ainda que a população negra não é elemento estranho da nossa demografia, mas sim, nossa "matriz mais importante" e que esse fato deve ser erigido à "categoria de valor, sintoma de nossa dignidade e do nosso orgulho de 'povo independente'" – afinal, "o negro no Brasil não é anedota, é um parâmetro de realidade nacional" (Ramos, 2023. p. 182). A conclusão do raciocínio, na página que estamos citando, é mais uma vez apontar que o centro da questão racial, no Brasil daquele momento, é a "hipercorreção estética do branco brasileiro, ávido de identificação com o europeu". Por fim, novamente destacando o processo de emancipação econômica já em curso, diz que

> Há, inserida na comunidade racional, uma lógica cujo transporte no plano conceitual constitui uma das tarefas primordiais do sociólogo brasileiro. O Brasil, por força do desenvolvimento de sua riqueza material e de sua crescente emancipação econômica, começa a ter o que se chama de caráter nacional, um orgulho nacional, e, na medida em que esse processo avança, torna-se verdadeiro imperativo categórico de nossos quadros intelectuais procurar aplicar-se na estilização, na valorização de nossos tipos étnicos. A sociologia no Brasil tem sido, em larga margem, uma espécie de patoá ou dialeto da sociologia europeia ou norte-americana. Terá, hoje, de procurar tornar-se uma autoconsciência de nosso processo de amadurecimento (Ramos, 2023, p. 184).

Por fim, antes de passarmos à crítica, vamos ao último ponto do escrito de Guerreiro Ramos. Lembra que o sociólogo falava de três correntes de interpretação da questão racial no Brasil e uma delas era constituída pela prática política de emancipação dos negros e negras desde os tempos da Colônia? Pois bem, ele termina o escrito falando dessa corrente. Começa afirmando que o TEN (Teatro Experimental do Negro) é a corporificação da nova compreensão do negro no Brasil e que tem como antecedentes "os trabalhos do africano Chico Rei" no século XVIII; as confrarias, os fundos de emancipação, as caixas de empréstimos, em suma, um conjunto de organizações que buscavam reunir contribuições para comprar cartas de alforria; ao lado dessas organizações, temos as insurreições de negros mulçumanos na Bahia, os quilombos como "a famosa República dos Palmares (...) verdadeiro Estado de negros", além dos abolicionistas, com destaque para Luiz Gama e José do Patrocínio, e outras iniciativas como o Clube do Cupim de Recife e as Frentes Negras de São Paulo e da Bahia (Ramos, 2023, p. 186).

Em seguida, Guerreiro negrita que fala desses episódios históricos e lutas como antecedentes, o que não significa necessariamente aprovar tudo, dado que, segundo o autor, "via de regra, careciam de elaboração teórica e foram, muitas vezes, reações agressivas que não podem ser, hoje, apresentadas como paradigmas" e, ao mesmo tempo, diz que essas iniciativas e lutas, foram expressão da busca "de uma condição humana para o negro, em que ele pudesse ser sujeito de um ato de liberdade" (Ramos, 2023, p. 186).

Na continuidade do argumento, afirma que é na obra de Joaquim Nabuco e de Álvaro Bomílcar que se localiza o antecedente histórico mais próximo do TEN. Fala um pouco sobre Nabuco, figura por demais conhecida e referenciada. Se detém com vagar na obra de Bomílcar, intelectual que, para Guerreiro, é autor do "documento mais importante do diagnóstico científico de nossa questão racial, na fase republicana" (Ramos, 2023, p. 188). Volta ao tema do TEN e justifica-o longamente porque este é o continuador por excelência da tradição histórica de peleja pela emancipação da população negra, e como prática social abriu novos horizontes teóricos e científicos, em conflito com o *status quo* dos estudos dominantes na sociologia e antropologia – assim termina esse robusto ensaio de Guerreiro Ramos.

Podemos então passar a uma crítica sistemática. Durante a exposição, buscamos usar longas citações para que você, leitora e leitor, visse nas palavras do próprio Guerreiro Ramos sua argumentação. Trata-se de um debate, à luz dos padrões atuais, que difere dos rumos da produção acadêmica e política sobre a questão racial no Brasil – ao mesmo tempo, para alguns, é importante conhecer um debate como esse para "descobrir" que a crítica ao eurocentrismo não começou com a "teoria decolonial".

Começamos com um ponto óbvio considerando o Brasil atual. O pressuposto de Guerreiro Ramos era que a emancipação econômica do país estava em curso e conseguiríamos, em breve, superar a dependência ou a fase colonial da economia. Antes de tudo, para o nosso sociólogo, dependência, condição colonial e semicolonialismo eram sinônimos. Não estava consolidada uma teorização precisa das diferenças entre uma economia colonial clássica, situação semicolonial e as economias de capitalismo dependente. Essa "confusão" conceitual explica-se pelo momento histórico.

Com o fim da Segunda Guerra Mundial, começa o gigantesco processo de descolonização afro-asiático. A maioria da humanidade, depois de 400 anos de avanço do colonialismo, caminha para criação de espaços nacionais com soberania jurídico-política e projetos de autonomia econômica e tecnológica. Em paralelo, na América Latina, em particular em países como México, Argentina e Brasil, as décadas de 1930, 40 e 50 caracterizavam-se pela acelerada urbanização, crescimento da indústria e modernização. Ao mesmo tempo, a Rússia, nas primeiras décadas do século XX, um país semi-feudal, atrasado e com regime absolutista, em apenas 30 anos conseguiu tornar-se a segunda maior potência econômica e industrial do mundo. A tendência a ver a superação da dependência e do colonialismo como um processo em marcha, cada vez mais forte, abrindo novas possibilidades de autonomia e emancipação, era totalmente compreensível.

No começo da década de 1950 era difícil vislumbrar a possibilidade de que o desenvolvimento capitalista com industrialização, urbanização, ampliação do consumo de massas e modernização acelerada do aparato estatal poderia ter como resultado a manutenção e aprofundamento da dependência, persistindo, inclusive, vários dos seus aspectos mais gritantes – como a fome, o desemprego em massa, a baixa produtividade do trabalho, o analfabetismo, etc.

Na obra do próprio Guerreiro Ramos, especialmente nos primeiros anos de 1960, é possível ver a compreensão do processo econômico brasileiro com menos otimismo e atenção maior à possibilidade de uma construção interrompida a depender do desenrolar dos conflitos políticos do país – algo visível, por exemplo, nos livros *O problema nacional do Brasil*, de 1960, e *Mito e Verdade da Revolução Brasileira*, de 1963. Como sabemos, a emancipação econômica do país não aconteceu e mesmo tendo o Brasil atingido altíssimos índices de participação da indústria no PIB, urbanização e crescimento econômico, seguimos ainda como um país de capitalismo dependente.

Pontuar esse contexto, ainda que rapidamente, é muito importante. Não parece ser uma crítica justa tomar como alvo central a compreensão que a emancipação brasileira já estava em curso, a ausência de uma reflexão sobre as possibilidades de uma industrialização periférica e dependente ou o "otimismo" subjacente nas análises. Como lembramos no primeiro capítulo deste livro, Guerreiro Ramos viveu as transformações da Era Vargas. O nosso autor formou-se e atuou numa época em que no Brasil foi construída a Fábrica Nacional de Motores (1942), a Companhia Siderúrgica Nacional (1941), a Vale do Rio Doce (1942), o Conselho Nacional de Desenvolvimento Científico e Tecnológico - CNPq (1951), a Petrobras (1953), a Consolidação das Leis do Trabalho (1943), a Companhia Hidrelétrica do São Francisco - Chesf (1945), o Banco Nacional de Desenvolvimento Econômico e Social - BNDES (1952), o Banco do Nordeste (1952) e mais uma série de outras instituições. De 1930 até 1954, ano do suicídio de Getúlio Vargas, o país viveu transformações abundantes e fazia sentido imediato pensar que o "desenvolvimento" passava por acelerar e aprofundar (qualitativa e quantitativamente) um processo já em curso.

Contudo, diretamente ligado à compreensão do autor de que a emancipação econômica estava em curso, temos o entendimento de que população negra não estava mais confinada essencialmente à classe trabalhadora, especialmente aos setores mais precarizados e com piores condições de trabalho e salário. Lembramos que no escrito em análise, o sociólogo diz que "graças ao desenvolvimento econômico e social do país, elementos de cor se encontram, de alto a baixo, em todas as camadas sociais"; "o problema efetivo do negro no Brasil é essencialmente psicológico e secundariamente econômico"; e, "desde que se define o negro como um ingrediente normal da população do país, como povo brasileiro, carece de significação falar de problema do negro puramente econômico, destacado do problema geral das classes desfavorecidas ou do pauperismo" (Ramos, 2023, p. 172 e 182).

É inútil procurar no ensaio qualquer argumento, estudo ou prova que sustente que a população negra disputava e se beneficiava em pé de igualdade com outros contingentes populacionais os frutos do "desenvolvimento econômico e social do país". Esse entendimento de Guerreiro Ramos não é apenas do texto em análise, mas uma constante em vários outros escritos. Por exemplo, em *Semana do Negro de 1955*, o sociólogo diz: "sustento que, na base infraestrutural da sociedade brasileira, não existe, hoje, um problema específico do negro. Aí o homem de cor tem praticamente todas as franquias, não sofre discriminações sistemáticas e está confundido com outros contingentes étnicos constitutivos da população. Um ou outro caso isolado que se possa mencionar em desfavor desta tese não a destrói". Depois dessa assertiva, já tenta responder eventuais críticos dizendo "é verdade que, nada estando solto no contexto global, da sociedade, e havendo, no nível da superestrutura social e institucional do Brasil, dificuldades específicas para o homem de cor, tais dificuldades, em última análise, tem consequências infraestruturais ou econômicas. Certo. Mas, ainda assim, deve-se reconhecer aí um dos casos de ação da superestrutura sobre a infraestrutura, e a essência do que dissemos acima se confirma" (Ramos, 2023, p. 213).

Em outro texto, *Política de relações de raça no Brasil* (1957), o autor diz sem explicação ou quaisquer justificativa teórica que é um equívoco com "perigos sociais" definir em "termos raciais" as "tensões decorrentes das relações metrópole-colônia e capital-trabalho" (Ramos, 2023, p. 222). Em *Patologia social do "branco" brasileiro* (primeira edição de 1955 e uma nova publicação em 1957), o autor diz que na era colonial, a ideologia de superioridade da brancura era suporte da espoliação econômica, mas no Brasil atual, "em que o processo de miscigenação e de capilaridade social absorveu, na massa das pessoas pigmentadas, larga margem dos que podiam proclamar-se brancos outrora, e em que não há mais, entre nós, coincidência entre raça e classe" (Ramos, 2023, p. 231) – o sociólogo puxa uma nota de rodapé nesse trecho e, sem argumentos, apenas diz que "entre vários sociólogos e antropólogos brasileiros é corrente a tese de que os nossos problemas raciais refletem determinadas relações de classe. Essa tese é insuficiente, a meu ver. Explica apenas aspectos parciais da questão" (Ramos, 2023, p. 301).

Por fim, no texto *O pluralismo dialético* (1955), faz uma crítica ao livro *Prestes e a revolução social* de Abguar Bastos e diz que "é a idolatria da contradição que tem conduzido alguns estudiosos influenciados pelo marxismo a explicar as relações de raça no Brasil em termos de puras relações de classe (...) a chamada questão do negro brasileiro, originalmente condicionada, de fato, pelas relações de classe, é, entretanto, em nossos dias, secundariamente econômica e essencialmente psicológica, só se esclarecendo à luz da ambiguidade dialética" (Ramos, 2023, p. 257) – o autor, novamente, faz uma nota de rodapé e para sustentar essa afirmação remete ao seu escrito *Patologia social do "branco" brasileiro*, onde não é possível encontrar nenhuma explicação minimamente sólida sobre o tema da relação raça e classe no Brasil, apenas a mesma afirmação feita no texto em questão.

É fácil perceber a dimensão do problema. Guerreiro teria que mostrar como aconteceu uma espetacular mobilidade social, com a população negra não estando mais confinada essencialmente à condição de classe trabalhadora e compondo setores significativos das classes médias e da burguesia brasileira. Em seguida, precisaria mostrar como a racialização não é mais um complexo social estruturante da divisão social do trabalho e que a cor da pele não figura como elemento diferencial para condições de trabalho, salário, acesso ao mercado de trabalho formal, violação ou não direitos trabalhistas, índices de acidentes de trabalho, possibilidade de progressão de carreira, etc.

Cumprido esse labor, teria provado que o racismo não tem nenhum papel no padrão de exploração da classe trabalhadora e poderia abordar a dinâmica de reprodução das classes médias, sustentando que a reprodução social desta classe não tem mais relação fundamental com o consumo de força de trabalho negra na forma de mercado informal, com baixíssimos salários, com vários aspectos de relações de trabalho análogo à escravidão – enfim, Guerreiro Ramos teria que mostrar não ser mais regra absolutamente majoritária a existência de famílias de classe média brancas com serviçais negros lavando, limpando, cozinhando, cuidando das crianças e afins num regime de trabalho onde, em várias situações, inexistia salário (sendo o pagamento a garantia de casa e comida em "troca" do trabalho).

Concluída essa tarefa hercúlea, o nosso sociólogo teria que debater por qual motivo, até aquele momento, a burguesia e os setores negros da classe média (que ele afirma existir) não tinham ainda criado as condições políticas, culturais e institucionais para desnegativar o ser negro, aproveitando da condição econômica privilegiada para pautar o debate público.

Nada disso, contudo, foi realizado. As afirmações do sociólogo sobre não existir mais coincidência entre "raça e classe" no Brasil são mera profissão de fé. Você acredita ou não. É inútil buscar argumentos para discordar ou concordar com essa sentença. O autor, ironicamente, chega ao limite de apelar para uma espécie de "marxismo vulgar", quando fala de um problema de racismo apenas na superestrutura, com ação de efeito na infraestrutura, como se as relações de produção, propriedade, poder político e forma-estatal fossem realidades autoconstruídas em separado e, em um segundo momento, se tocam em mecânica de efeito recíproco.

É inegável que entre 1930 e 1960 tivemos uma intensa mobilidade social com o acelerado processo de industrialização, urbanização e modernização promovido pelo varguismo e continuado por seus sucessores, como o presidente Juscelino Kubitschek (1956-1961). A população negra não poderia ficar totalmente excluída dessa mobilidade, dado não existir no Brasil um regime de apartheid semelhante ao da África do Sul ou dos Estados Unidos (com as leis Jim Crow) ou uma política massiva de imigração visando o branqueamento, como no final do século XIX e começo do século XX. Mas o que Guerreiro Ramos afirma é que tal mobilidade acabou com a "coincidência" entre raça e classe no Brasil e que a população negra não estava essencialmente confinada a lugares específicos da estrutura de classes e divisão social do trabalho.

Contemporâneos do sociólogo baiano, todavia, afirmavam o exato contrário. Citamos apenas dois exemplos para ilustrar. O jornalista Rui Facó, em livro de 1960, *Brasil século XX*, [11] assegura o seguinte:

> Legalmente, constitucionalmente [brancos e homens de cor] têm os mesmos direitos e oportunidades. Na prática, o negro, os mulatos encontram no Brasil numerosas limitações. É impossível dizer onde estas são impostas por motivos de ordem racial ou de classe. Porque a quase totalidade da população negra do Brasil pertence às camadas proletárias ou semiproletárias (...) Este desenvolvimento vem aumentar a distância social entre a parcela branca e rica da população e a parcela colorida e pobre. (...) E como o próprio desenvolvimen-

[11] Rio de Janeiro: Editora Vitória, 1960.

> to capitalista favorecerá também a ascensão social de uma parte da população de cor, é provável que esta vá encontrando cada vez maiores obstáculos em seu caminho: nos estabelecimentos de ensino, nas repartições públicas, nos empregos em geral. Quer dizer, o crescimento das barreiras de classe pode determinar um aguçamento do preconceito racial embrionário em alguns setores (Facó, 1960, p. 23-24).

Nelson Werneck Sodré, em *Introdução à Revolução Brasileira*, livro originalmente de 1958,[12] diz que,

> A circunstância, entretanto, é muito importante pelas suas consequências: tudo o que está por baixo, socialmente, é negro; tudo o que está por cima é branco. O rótulo de cor começa a funcionar, com os seus poderosos e generalizados efeitos. Nesse sentido, devemos considerar bem como, muito depois de ficar libertado da escravidão, o negro permaneceu submetido à violência dos preconceitos, rotulado que estava. E ainda é indispensável considerar, nessa apreciação, um aspecto que tem sido propositalmente omitido: o negro continua a fornecer, puro ou mestiçado, o grosso da massa de trabalho, em nosso país. Se isolarmos uma consideração da outra, correremos o risco de cuidar erradamente o problema: relações de raça jamais podem isolar-se de relações de classe (Sodré, 1967, p. 147).

O livro de Sodré oferece outro bom elemento para pensar a questão. Quando Guerreiro Ramos afirma que os "elementos de cor se encontram, de alto a baixo, em todas as camadas sociais", o objetivo é fazer uma crítica a um livro de Thales de Azevedo. O autor questiona Thales de Azevedo por exibir fotografias em que aparecem negros "médicos, homens de negócio, universitários, pintores" e afins, como se isso fosse um exotismo, um tema pitoresco (Ramos,

12 São Paulo: Editora Civilização Brasileira, 1967.

2023, p. 172). É depois dessa objeção que a frase acima é dita. Para alguns pensadores, o fato de existir negros médicos ou advogados era prova da inexistência de racismo no Brasil. Para Guerreiro, isso era fato comum, só confirmando que não existia mais questão de classe na questão racial. Já Sodré faz o debate por outro caminho:

> E existe uma sociologia das exterioridades, profundamente preocupada com os detalhes, com a cor das gravatas, com a forma dos bigodes, com os beirais das casas, e que, em relação ao negro, numa atitude falsamente renovadora, proclamando-se liberal e avançada, cuida seriamente dos doces, da roupa das vendedoras de rua, dos seus toucados, das pequenas peças de cerâmica, rigorosa e psicanaliticamente analisadas, das pesquisas estatísticas a respeito de negros escravos e de negros doutores. Revistas ilustradas e até revistas especializadas, monografias, filmes de cinema, congressos ditos afro-brasileiros, ensaios, e até longos estudos aparecem, focalizando o pitoresco, o anormal, o excepcional do negro. Não é por mera coincidência que a Bahia se torna o centro de gravidade das pesquisas que aparentam rigores metodológicos. À Bahia são levados, então, não apenas turistas, viajantes ilustres, ficcionistas e artistas de todo gênero, mas pesquisadores, sociólogos, antropólogos, que percorrem, atentos e curiosos, desde os terreiros mais conhecidos até os bairros típicos. Para concluir, no fim de contas, aquilo que todos sabemos, que há médicos negros, advogados negros, poetas negros, como se isso representasse emancipação ou escândalo [...] Mas persiste a proclamação ostensiva de que não existe problema de raças no Brasil, de que resolvemos tudo e vivemos, de há muito, sem atritos, nesse terreno. Estudiosos de estatística verificam, aparentando surpresa, que entre os negros está um alto coeficiente de criminalidade. Esquecem-se de que, entre os negros, há, realmente, um alto coeficiente de pobreza, e isso não é espantoso porque eles constituem a massa de trabalho, que não tem condições de saúde, de subsistência, de aprendizagem, de morada (Sodré, 1967, p. 159-60).

A temática fica ainda mais fantástica se pensarmos por outro prisma: o Brasil viveu mais de 300 anos de escravismo e realizou uma abolição sem políticas de reparação, como uma reforma agrária. Antes da abolição e após, dominou uma ideologia de superioridade racial que condenava por todos os aspectos a população negra e estimulava a imigração massiva de europeus para branquear a população. Esses imigrantes europeus desfrutavam de vários privilégios sociais e institucionais frente à população negra e "mestiça" na dinâmica concorrencial do incipiente capitalismo brasileiro. Mesmo com o processo de modernização iniciado em 1930, seguiu a ideologia de superioridade racial branca e práticas institucionais de supremacia racial, como a criminalização e perseguição da capoeira, religiões de matriz africana e louvação da eugenia, como pode ser visto no Artigo 138, alínea B, da Constituição de 1934. Mesmo assim, em 1954, 20 anos depois de ser inserida na Constituição Brasileira a eugenia como ideal a ser buscado, sem nenhuma medida específica de progressão econômica para população negra, ela teria experimentado tal nível de mobilidade social e transformação material na sua existência nacional, que o racismo brasileiro era apenas superestrutural ou um problema essencialmente psicológico. É muito difícil acreditar que um pensador tão sério e qualificado como Guerreiro Ramos acreditava nisso!

Se acreditava ou não, nunca saberemos. O que sabemos, pelo que escreveu, é que sua teoria da estética social brasileira alienada, eurocentrada e da brancura como valor máximo, também não tinha conexão com os interesses da classe dominante interna, com o padrão de dominação política e só de forma indireta tinha conexão com o imperialismo. Se para Guerreiro Ramos era fundamental adequar o pensamento sociológico às "tendências de autonomia espiritual e material" do país, a manutenção de tal inadequação, persistindo a estética social alienada, no mínimo despotencializa a emancipação econômica já em curso, favorecendo o imperialismo.

Mas essa sentença já é uma tentativa de extrair raciocínio implícito do ensaio em exame.

Lembra que citamos a crítica de Guerreiro Ramos para Alberto Torres? Repetindo o trecho: "negligenciou, portanto, o condicionamento da psicologia do povo brasileiro e de suas elites pelas condições materiais do país e, assim, incorreu em enganos e erros em muitos aspectos do seu diagnóstico e de sua terapêutica do 'problema nacional'" (Ramos, 2023. p. 152). O sociólogo baiano negligenciou completamente as condições materiais do país no seu debate sobre a estética social brasileira.

Sem conexão com a dinâmica de acumulação capitalista, a estrutura de classe, os interesses da classe dominante e o sistema de dominação política, a teoria da estética social de Guerreiro Ramos também carece de uma análise dos aparelhos ideológicos de sua produção e circulação. O autor não debate, neste ensaio, a lógica de funcionamento institucional dos sistemas universitários, editorial, jornalístico, partidário, sindical, religioso, militar e afins. O que ele produz é uma história intelectual ou das ideias, sem preocupação com a forma histórico-concreta de produção e circulação dessas ideias.

O sociólogo debate bastante o efeito de prestígio e a força de irradiação das ideias dos centros imperialistas. Chega a citar, rapidamente, agências educacionais e sanitárias estrangeiras. Pronuncia palavras como essas: "embora redigidos por brasileiros, eles [os estudos sobre o negro] se incluem na tradição dos antigos relatórios para o Reino..., ainda que, hoje, o Reino se metamorfoseie na Unesco, sediada em Paris" (Ramos, 2023, p. 179). Mas não vai além disso. Não temos uma reflexão sobre que aparelhos ideológicos – ou instituições, se preferirem – são as responsáveis pela reprodução do pensamento consular e a manutenção da estética social alienada. Embora a reflexão sobre o efeito de prestígio dos centros imperialistas esteja correta, sem analisar a dinâmica brasileira, a investigação caminha para uma compreensão difusionista, onde o centro difusor irradia a ideia e ela é assimilada, como em um vácuo institucional sem dinâmica própria, no polo subordinado.

Alguém pode afirmar que em outros livros, como *Introdução crítica à sociologia brasileira* (1957), *O problema nacional do Brasil* (1960) e *A crise do poder no Brasil* (1961), o sociólogo realiza investigações mais detalhadas sobre os aparelhos ideológicos ou instituições da alienação nacional brasileira, como a estrutura sindical, partidos, campo acadêmico, etc. Essa afirmação é verdadeira, mas no ensaio em estudo, tal análise não comparece – e no conjunto de textos do livro *Negro Sou*, só precária e fragmentariamente podemos achar considerações sobre a questão.

Por fim, fica sem explicação direta porque a reflexão sobre o *negro sou* como mirada cientificamente privilegiada para compreender a realidade brasileira da questão racial e de nossa identidade nacional tem consequência apenas teórica e epistemológica e não também político-organizativa. Se o negro brasileiro é, como afirma o sociólogo, a nossa "matriz mais importante" e "parâmetro de realidade nacional", porque não demandar, também, um papel de liderança do *niger sum* na condução política do processo de emancipação econômica e construção nacional em curso? – liderança seja a partir de organizações negras específicas, seja no enegrecimento das diversas organizações do movimento nacionalista em curso.

A partir da reflexão de Guerreiro Ramos podemos afirmar que esse protagonismo, com a compreensão correta, não seria fragmentária, parcial, reivindicação grupal, mas expressão por excelência do ser nacional em ato de emancipação. A impressão que fica é que Guerreiro parou sua reflexão no "meio do caminho" por receio das consequências que dela poderia extrair – o sociólogo, como sabemos, tinha repúdio aberto a qualquer política antirracista que pudesse ser "agressiva".

É pedagógico citar um trecho de um clássico escrito de José Carlos Mariátegui, *A questão racial na América Latina*,[13] no qual o marxista peruano em 1929, caminhando por um percurso em alguns aspectos parecido com o de Guerreiro Ramos, diz

> O capitalismo, como sistema econômico e político, mostra-se incapaz, na América Latina, de construir uma economia emancipada dos defeitos feudais. O preconceito da inferioridade da raça indígena, permite ao capitalismo um aproveitamento máximo das obras desta raça, e ele não está preparado para abrir mão dessa vantagem, da qual tira tanto proveito (...) A raça tem, antes de tudo, essa importância na questão do imperialismo. Mas também tem outro papel, que impede a assimilação do problema da luta pela independência nacional nos países da América com alto percentual da população indígena, ao mesmo problema na Ásia ou na África. Os elementos feudais ou burgueses, em nossos países, sentem pelos indígenas, como pelos negros e pardos, o mesmo desprezo dos imperialistas brancos. O sentimento racial atua nesta classe dominante num sentido absolutamente favorável à penetração imperialista. Entre o senhor ou o burguês criollo e seus peões de cor, não há nada em comum. A solidariedade de classe se soma à solidariedade de raça ou preconceito para tornar as burguesias nacionais dóceis instrumentos do imperialismo ianque ou britânico. E esse sentimento se estende a grande parte das classes médias, que imitam a aristocracia e a burguesia com desdém pela plebe de cor, embora sua própria miscigenação seja muito evidente (Mariátegui, 2020, p. 128-131)

Mariátegui, tal qual Guerreiro Ramos, era um questionador da importação acrítica de teorias dos centros imperialistas, como o conceito de raça do racismo científico. Também entende como

---

[13] MARIÁTEGUI, José Carlos. Textos Escolhidos. Editora Cio da Terra, 2020 (sem indicação de estado da editora).

fenômeno de alienação da realidade nacional, mas, ao mesmo tempo, colocando-se desde uma perspectiva das classes exploradas, compreende como essa alienação é funcional para a classe dominante interna e o imperialismo, ajudando a soldar a solidariedade racial-classista entre imperialismo, burguesia interna e classes médias.

Mas Guerreiro Ramos, ao contrário de Mariátegui, não busca analisar a questão racial desde uma perspectiva proletária. Como falamos no primeiro capítulo deste livro, "Guerreiro Ramos não consegue superar um universo de classe média na análise da questão racial e na proposta de uma política antirracista – ou, melhor dizendo, o sociólogo situa-se no lugar político-analítico de classe média negra". As lacunas, erros, afirmações não provadas e tensões na reflexão do autor é uma tentativa de equilibrar um projeto onde o racismo é denunciado cobrando de vários setores da sociedade – especialmente a camada social dos intelectuais – uma "suspensão da brancura" e, ao mesmo tempo, uma tentativa permanente de afastar a possibilidade de uma política proletária para questão negra, com a conclusão de que a superação do racismo demanda alterações radicais nas relações de produção, propriedade e poder político. Desde uma mirada analítica da classe média, Guerreiro tenta equilibrar os dois polos em tensão, preservando a unidade nacional contra o imperialismo – o resultado disso, ao final, é a recusa do mecanicismo de vários marxistas, reduzindo a questão racial a uma dimensão de classe, terminando em outro mecanicismo, o que separa radicalmente a questão racial da estrutura de classe e relações de produção.

Não é coincidência que hoje, em correntes nacionalistas progressistas, seja forte a ideia de taxar a luta antirracista de uma "questão identitária" que divide o país e atrapalha a unidade nacional pelo "desenvolvimento" e contra o imperialismo. O problema teórico-político de equacionar uma proposta nacionalista, anti-imperialista e antirracista não é fácil e, à espreita, está sempre a tentação de pensar uma "comunidade nacional" onde toda contradição que não seja nação *versus* imperialismo, é secundária e não pode ser levada às últimas consequências – seja no plano teórico, seja no plano político.

Para concluir, podemos dizer que esse ensaio de Guerreiro Ramos carrega um potencial de paradigma teórico para a análise da questão racial que não foi plenamente desenvolvido e levado às últimas consequências. No próximo capítulo, veremos como esse potencial reprimido se expressa em suas reflexões posteriores, como no importante ensaio sobre a *Patologia social do "branco" brasileiro*.

A promessa não cumprida de Guerreiro Ramos: a teoria da patologia social do "branco" brasileiro

No capítulo anterior, debatemos o que consideramos o ponto alto da formulação do sociólogo baiano: sua teoria da estética social alienada e eurocêntrica vigente no Brasil. Depois de *O problema do negro na sociologia brasileira*, os escritos do autor perdem o brilhantismo e mostram sinais de regressão na formulação teórica. Vamos analisar os demais textos da coletânea *Negro Sou* e concluir o debate sobre o livro.

O negro desde dentro é um escrito do mesmo ano que *O problema do negro na sociologia brasileira*, 1954. Nesse texto, o sociólogo inicia a formulação teórica destacando a negativação do ser negro como sinônimo de tudo de ruim, feio, demoníaco e a brancura como o antônimo positivado. Depois de apresentar reflexão já conhecida, o autor direciona para essa conclusão: "eis por que é digna de repulsa toda atitude que, sob a forma de folclore, antropologia ou etnologia, reduz os valores negros plano do ingênuo ou do magístico. Num país de mestiços como o nosso, aceitar tal visão constitui um sintoma de autodesprezo ou de consciente subserviência aos padrões estéticos europeus" (Ramos, 2023, p. 199).

Depois desse trecho, aparece um elemento de novidade. Guerreiro Ramos, finalmente, aborda a questão da mulher na sua reflexão sobre relações raciais no Brasil. Diz que a força da "brancura" - ou da estética social alienada - é tão forte que domina até os nossos melhores pensadores e cita como exemplo, a forma como a "negrura aí aparece como subalterna" e essa subalternidade, no caso das mulheres [negras], acaba resumindo-as ao "puramente dionisíaco" como se isso fosse tudo na "sua especificidade". Cita como exemplo um verso de Vinicius de Moraes que diz:

E eu que era um menino puro
Não fui perder minha infância
No mangue daquela carne!
Dizia que era morena
Sabendo que era mulata
Dizia que era donzela
Nem isso não era ela
Era uma moça que dava.

Guerreiro afirma que podemos encontrar problemas semelhantes, a despeito das "melhores das intenções", em Mário de Andrade, Jorge de Lima, Nicolás Guillén e a "legião de seus imitadores" (Ramos, 2023, p. 199). O sociólogo diz que é frequente o estereótipo "branca para casar, negra para cozinhar, mulata para fornicar!". Contudo, sua reflexão sobre a mulher negra, termina aqui. Ele não debate, por exemplo, o papel da mulher negra na divisão social do trabalho – o que traria muitas dificuldades para sua tese sobre a grande mobilidade social da população negra – e passa a citar pensadores como Luiz Gama e os intelectuais do movimento negritude de matriz francófona que debatem a mulher negra e sua beleza/corporeidade fora desses estereótipos negativadores.

A empolgação de Guerreiro com o movimento negritude é aberta e declarada. Ele fala de "uma verdadeira revolução poética" antes de citar versos de Aimé Césaire, por exemplo. Para o autor, a negritude representava uma contestação crítica e radical ao eurocentrismo e à estética social alienada imposta pelo colonialismo, mas sem fechar-se numa identidade fetichista e reificada de sentido contrário. Ou seja, em figuras como Aimé Césaire, o autor encontrava um verdadeiro caminho da universalidade, onde a negação do racismo deságua num humanismo integral.

Essa perspectiva aparece explícita quando diz que "a rebelião estética de que se trata nestas páginas será um passo preliminar da rebelião total dos povos de cor para se tornarem sujeitos de seu próprio destino". Essa "rebelião", contudo, não é "racismo às avessas". Mas, sim, uma contestação total às formulações do negro desde fora, olhando como mero objeto, não-sujeito – em suma, as abordagens que Guerreiro Ramos chama de o negro como "problema" ou como "tema" (Ramos, 2023, p. 204). O resultado final do processo será a realização da autenticidade, uma estética social fincada na realidade brasileira e a superação dos padrões eurocêntricos do tecido social.

Assim conclui a reflexão. Como vimos, trata-se tão somente de continuar pontos do seu ensaio anterior, tendo como novidade "aplicar" a teoria da estética social alienada para a questão da mulher negra e da poesia/literatura. O escrito seguinte da coletânea *Negro Sou*, é uma entrevista intitulada *A descida aos infernos*, onde o autor, na parte mais importante para nosso tema, anuncia que lançará sua teoria da "patologia social do 'branco' brasileiro" – e dispara várias alfinetadas para Gilberto Freyre (Ramos, 2023, p. 209-210). O tema das críticas de Guerreiro Ramos para Gilberto Freyre será abordado ao final deste capítulo.

O ano de 1954 termina sem Guerreiro Ramos apresentar a tão prometida teoria sobre a patologia social do branco brasileiro. No ano seguinte, publica um texto sobre a Semana do Negro de 1955, onde continua sustentando que a questão negra é tão somente uma "situação de superestrutura" (Ramos, 2023, p. 212) e não tem fundamento nas relações de produção e na divisão social do trabalho; também lança – em abril de 1955 – um artigo intitulado *Nosso senhor Jesus Cristo Trigueiro*. O escrito sobre o Jesus Trigueiro é importante porque, finalmente, Guerreiro debate o papel da religião cristã no racismo e na alienação estética brasileira. Vimos nos capítulos anteriores o autor desprezar as religiões de matriz africana e recomendar aos negros converte-se ao cristianismo, considerando-a a religião mais adequada à dinâmica concorrencial do sistema capitalista.

A Igreja Católica, a instituição mais duradoura da história brasileira, não é abordada como um dos fundamentos do racismo brasileiro e a relação entre cristianismo, colonialismo e eurocentrismo é deixada nas sombras. Foi depois de um incidente com sua filha de cinco anos (à época) na escola, que o sociólogo enfim abordou a relação entre cristianismo e racismo. O autor faz um debate histórico sobre a imagem de Jesus e os efeitos da idealização de Cristo como louro de olhos azuis. Depois de argumentar amplamente sobre o Jesus Histórico, lança uma reflexão síntese que abarca identidade nacional, educação, formação das crianças e soberania nacional. Diz o pensador baiano:

> A nossa corrente idealização do Nosso Senhor, como homem louro e de olhos azuis, reflete uma alienação estética, um autodesprezo, uma atitude de subserviência, na qual renunciamos a um critério comunitário e imediato do belo e do excelso em favor de um critério estranho à vida nacional. Jesus Cristo, em sua representação natural no Brasil, não poderia nunca ser loiro nem de olhos azuis, se desejamos ser autênticos. Os chineses e os japoneses, povos de grande caráter, o representam à sua semelhança. É tempo de desembaraçarmos a imagem do Filho de Deus da inconveniente subalternidade dos que, no Brasil, o pintam louro e de olhos azuis. É tempo de desimiscuí-la dessa sutil agressão que, nos colégios e em outros lugares, se comete todos os dias ao brasileiro, um tipo antropológico escuro por excelência. Uma agressão que se serve das crianças e que, muitas vezes, as submete a dolorosas ambivalências quando confrontam a idealização do Deus-Homem e dos santos com a realidade natural dos seus pais (Ramos, 2023, p. 219).

Nesse ponto, é preciso indicar um aspecto curioso na obra do sociólogo baiano. O movimento comunista nasceu com um centro político, teórico e institucional, a União Soviética. O peso dos soviéticos na Internacional Comunista ou Terceira Internacional, e por consequência no partido comunista (PC) de cada país, estimulou vários pensadores a considerar os PCs como meros satélites de Moscou, simples correias de transmissão da política da URSS. Guerreiro Ramos afirmava que o PCB era uma instituição alienada da realidade brasileira, dado sua dependência das diretrizes e do marxismo-leninismo emanado dos soviéticos.

O pensador nunca considerou a possibilidade de um marxismo-leninismo à brasileira, deitando raízes na nossa realidade nacional. Uma das razões para o caráter intrinsecamente alienado do movimento comunista no Brasil – afirmava o sociólogo –, era a própria estrutura organizativa do movimento comunista com o peso da União Soviética. Contudo, no tema do cristianismo, é patente como o autor ignora em *Nosso senhor Jesus Cristo Trigueiro* a dinâmica organizativa global da Igreja Católica e como a despeito das particularidades nacionais da igreja em cada país, existia um centro de comando no Vaticano que, dentre outras coisas, dizia globalmente qual era a imagem "correta" de Jesus.

O debate de Guerreiro é refundar as imagens e representações do cristianismo, parte do esforço de forjar uma nova estética social brasileira, mas desconsiderando o poder e a influência da ossatura institucional do cristianismo em nosso país, materializado na Igreja Católica. No caso do movimento comunista, a dinâmica organizativa internacionalizada impede uma nacionalização do marxismo-leninismo; no caso do cristianismo, o tema não é considerado.

Para além de buscar uma "incoerência" na abordagem do autor, o que nos interessa é compreender como vai se configurando uma aversão ao conflito, à luta aberta. O sociólogo, de maneira consciente ou não, apresenta a necessidade de refundar os padrões estéticos de um dos elementos centrais da nossa identidade nacional, mas sem conflito declarado com a Igreja Católica e tudo que ela representa. Ele chega a escrever: "não acredito que a iniciativa, posta nestes termos, venha a inspirar reservas" (Ramos, 2023, p. 220). Vejamos como essa tendência de aversão ao conflito se configura naquela que seria a mais inovadora reflexão de Guerreiro Ramos sobre a questão racial (pensada nesses termos pelo próprio autor).

Na metade de 1955, o sociólogo lança o tão aguardado *Patologia Social do "branco" brasileiro*. Para fazer o debate sobre o escrito, vamos abordar ponto por ponto, incorrendo em algumas repetições, considerando o capítulo anterior. O exame exaustivo e até enfadonho em citações é indispensável para demonstrar a nossa hipótese central: a teoria da patologia social do branco de Guerreiro não tem inovação teórica se comparado com as formulações de *O problema do negro na sociologia brasileira* e, na dimensão política, apresenta sintomas de regressão. Vamos ao texto.

Guerreiro abre o ensaio com um dos temas mais recorrentes nas suas reflexões sobre a questão racial: atacando a ideia do "negro-tema", olhado e visto "ora como ser mumificado" e "ora como ser curioso" e defende, em contraponto, a perspectiva do "negro-vida", sujeito multiforme, sem versão definitiva, e arredio a formalizações esquemáticas (Ramos, 2023, p. 225). Em seguida, critica, como de hábito, os estudos sociólogos e antropológicos em curso sobre o negro, destaca sua disfuncionalidade para a compreensão da realidade nacional e aponta que "há hoje uma contradição entre as ideias e os fatos de nossas relações de raça. No plano ideológico, é dominante ainda a brancura como critério de estética social. No plano dos fatos, é dominante na sociedade brasileira uma camada de origem negra, nela distribuída de alto a baixo" (Ramos, 2023, p. 226).

O autor repete formulações já conhecidas, como a desatualização das ideias correntes sobre raça no Brasil com a realidade dos fatos objetivos da economia nacional e a noção de que temos negros e negras em todos os estrados da sociedade brasileira. Depois disso, o autor cita o Teatro Experimental do Negro e suas inovações teóricas no campo em estudo, a impossibilidade de apoiar-se na literatura sociológica e antropológica feita por brasileiros – "os nossos especialistas nesse domínio têm contribuído mais para confundir do que esclarecer" – e faz um alerta de cunho abertamente político. Diz o autor:

> Por outro lado, receio que alguns leitores, impressionados com os aspectos verbais aparentes deste estudo, nele descubram *intenções agressivas*. A esses leitores asseguro, com sinceridade, que o meu propósito é, ao contrário, *generoso e pacifista* (Ramos, 2023, p. 226, grifos nossos).

Peço que guardem essas palavras, sobre a intenção não agressiva, generosa e pacifista do estudo em análise. Voltaremos a abordá-la. Feito essa ressalva política, o sociólogo baiano começa a debater o conceito de patologia aplicado às ciências sociais. Trata como esse conceito aparece com maior frequência em adeptos do biologicismo ou dos organismos, tem tendência para abordagens a-históricas e forte acento conservador – "a saúde da sociedade equivaleria, para diversos organicistas, a um estado de que só se beneficiam os que integram a classe dominante" (Ramos, 2023, p. 227).

Contudo, Émile Durkheim, para o sociólogo baiano, avança na compreensão das patologias sociais, ao destacar seu caráter histórico, fugir do esquematismo e naturalismo e colocar em tela critérios objetivos para definir a dinâmica normal/patológico. Nas palavras de Guerreiro Ramos, "Durkheim considerava, portanto, o critério do normal como algo a ser induzido das condições particulares de cada sociedade e segundo os seus limites faseológicos" (Ramos, 2023, p. 228). Depois de citar largamente o autor de *As regras do método sociológico*, destacando que sua concepção de patologia social não se confunde com abordagens naturalistas/organicistas/biologicistas, busca "aplicar" o conceito exposto de patologia social às condições brasileiras. É necessário fazer uma longa citação para retratar com fidelidade o pensamento do autor,

> ***Nas condições iniciais da formação do nosso país,*** a desvalorização estética da cor negra, ou melhor, a associação dessa cor ao feio e ao degradante afigurava-se normal, ***na medida em que não havia, praticamente, pessoas pigmentadas senão em posições inferiores.*** Para que a ***minoria colonizadora mantivesse e consolidasse uma dominação sobre as populações de cor***, teria de promover no meio brasileiro, por meio de uma inculcação dogmática, uma comunidade linguística, religiosa, de valores estéticos e de costumes. Só assim, diria Gumplowicz, poderia apoiar sua autoridade em sólidos pilares, o que sempre constitui, para todo poder, um valioso elemento de conservação, uma efetiva garantia de duração (...) ***Para garantir a espoliação, a minoria dominante de origem europeia recorria não somente à força, à violência, mas a um sistema de pseudojustificações, de estereótipos, ou a processos de domesticação psicológica.*** A afirmação dogmática da excelência da brancura ou a degradação estética da cor negra ***era um dos suportes psicológicos da espoliação.*** Esse mesmo fato, porém, passou a ser patológico em situações diversas, como as de hoje, em que o processo de ***miscigenação e de capilaridade social absorveu, na massa das pessoas pigmentadas***, larga margem dos que podiam proclamar-se brancos outrora, ***e em que não há mais, entre nós, coincidência de raça e de classe*** (Ramos, 2023, p. 230-231, grifos nossos).

O raciocínio do autor é cristalino. No período do Brasil colônia, a negativação do ser negro tinha fundamento econômico e papel central no sistema de dominação. Era um componente esperado e normal da dinâmica social estabelecida. Contudo, no Brasil de 1955, tal dinâmica de dominância da brancura é patológica, pois sem fundamento em uma espoliação econômica e na reprodução de um sistema de dominação de uma minoria branca contra uma maioria negra/mestiça. Afinal, com a miscigenação e a mobilidade social, não existindo mais coincidência entre raça e classe no Brasil, torna inexistente uma maioria negra/mestiça, essencialmente trabalhadora, a ser explorada por uma minoria branca, burguesa e dominante – *a relação entre raça e classe no Brasil constitui o fundamento, o argumento central, para sustentar a teoria da patologia social.*

A estética social alienada, positivadora da brancura, é patológica, pois desligada das estruturas objetivas da sociedade brasileira, um complexo social sem função e papel na reprodução social. Cumpre destacar, também, que o autor afirma sem debater ou tentar provar a não coincidência entre raça e classe no Brasil – o que, em bom português, significa que teríamos pessoas negras em todas as classes e frações de classe: inclusive, é claro, uma burguesia negra.

A pergunta que se impõe frente a essa afirmação é porque permanece então essa negativação do ser negro na sociedade brasileira, dado seu completo desligamento das estruturas e dinâmicas da nossa formação social. Vejamos a resposta do sociólogo. Para Guerreiro Ramos, "na sociedade brasileira, em larga escala, o *ethos*, a norma, ainda dominantes, são remanescentes de fases ultrapassadas de nossa evolução econômico-social, e se destinam a ser superados em consequência do aparecimento de novos fatores objetivos que estão já condicionando a vida do país" (Ramos, 2023, p. 233).

Ou seja, a persistência da negatividade do ser negro é uma reminiscência do passado, uma continuidade de um ethos social de outras estruturas econômicas, sociais e políticas já superadas. Justamente por isso que o autor fala em patologia, dado que esse ethos, essa positivação da brancura, é uma espécie de corpo estranho, uma ideia fora do lugar, algo descolado do dinamismo contemporâneo da formação social brasileira. Essa patologia aparece com maior força no "Norte e Nordeste" do Brasil, como pode ser visto a seguir:

> Essa patologia consiste em que, no Brasil, principalmente naquelas regiões [Norte e Nordeste], as pessoas de pigmentação mais clara tendem a manifestar, em sua autoavaliação estética, um protesto contra si próprias, contra a sua condição étnica objetiva. E é esse

> desequilíbrio na autoestimação, verdadeiramente coletivo no Brasil, que considero patológico. Na verdade, afeta a brasileiros escuros e claros, mas, para obter alguns resultados terapêuticos, considerei, aqui, especialmente, os brasileiros claros (Ramos, 2023, p. 233).

Para comprovar que "o brasileiro considera vexatória a sua condição racial", o sociólogo cita longamente um documento do IBGE sobre as dificuldades de recenseamento da composição étnico-racial do povo brasileiro. O documento citado mostra, dentre outras coisas, que há uma negação a considerar-se negro e, ao mesmo tempo, em regiões com maior predominância de brancos, uma tendência a enquadrar mulatos ou mestiços como negros (hoje chamados, pelo próprio IBGE, de pardos). Após a longa citação do documento (quase três páginas), o autor tira a seguinte conclusão: "melhor flagrante não poderia obter da *perturbação psicológica* do brasileiro em sua autoavaliação estética. Todos aqueles informes mostram o sentimento de inferioridade que lhe suscita a sua verdadeira condição étnica" (Ramos, 2023, p. 236, grifos nossos).

Grifamos a expressão perturbação psicológica pois ela ilustra como, primeiro, o autor defende que a inferiorização do negro é fruto de reminiscências de normas e *ethos* de épocas passadas ainda não superadas e, depois, sublinha a dimensão psicológica, na consciência dos brasileiros. Então, além de uma norma ultrapassada, descolada do dinamismo da formação social brasileira, temos uma psicologia coletiva também sem fundamento na economia, política, relações de classe, etc.

Na continuidade do argumento, depois de destacar diferenças regionais na configuração étnico-racial, Guerreiro Ramos abre uma frente de debate que hoje pode parecer estranha, mas na época, fazia sentido. O sociólogo diz "grifo a palavra 'branco', pois que o nosso *branco* é, do ponto de vista antropológico, um mestiço, sendo, entre nós, pequena minoria o branco não portador de sangue preto". O autor continua o argumento destacando que é no

Norte e Nordeste onde são mais nítidos "os traços da patologia social do 'branco' brasileiro", pois são regiões com maior porcentagem de negros e mestiços no Brasil (Ramos, 2023, p. 237-238). O sociólogo conclui a reflexão sobre esse ponto dizendo que os resultados do censo, ao considerar a porcentagem de brancos na população, seriam bem menores se "apenas se considerasse branca a pessoa não portadora de sangue preto. O branco puro em tais regiões é excepcional, enquanto o branco aparente é ali minoria" (Ramos, 2023, p. 238).

Falamos que, para a época, esse debate fazia sentido. É necessário explicar o porquê. Ficando restrito apenas ao século XX, nas primeiras quatro décadas deste século, a ideologia da superioridade biológica do branco cientificamente provada não era uma ideia restrita à Alemanha Nazista. Era uma ideologia de alcance global que justificava o colonialismo em África, Ásia e outras regiões do mundo, tendo ampla aceitação interna na Europa Ocidental, América Latina, Estados Unidos e afins.

A noção de raça era apresentada como um elemento primariamente biológico-genético e dessa dimensão se derivam as diferenças sociais, culturais, comportamentais, de psicologia, etc. Domenico Losurdo, em incontáveis obras, mostra como a eugenia era muito bem aceita dos dois lados do Oceano Atlântico e a produção de racismo científico dos Estados Unidos foi uma influência para o nazismo (e vários países do mundo). Um trecho para ilustrar alguns aspectos desse debate é o seguinte:

> O fato é que, muito antes do advento do Terceiro Reich, os Estados Unidos da *white supremacy* são um modelo para aqueles que almejam a adoção, também na Alemanha e no Império Austro-Húngaro, de uma política racial e eugênica. Passemos outra vez a palavra ao vice-cônsul de Chicago: "Em nenhum lugar se fala e se escreve tanto sobre raça e superioridade ou inferioridade racial quanto nos Estados Unidos". Sim: "O sonho de Galton, para quem a higiene

> racial se tornaria a religião do futuro, começa a se tornar realidade na América. Ela conquista o 'Novo Mundo' em marcha triunfal; até agora, nenhuma doutrina pode se vangloriar de algo semelhante". A difusão impetuosa da higiene racial tende a produzir resultados que vão muito além dos Estados Unidos. Estamos diante de um movimento de extraordinária importância, que tem como objetivo e está conseguindo "criar uma raça nova, ideal, capaz de dominar o mundo". A Europa não deve ficar de fora: "as aspirações da América de enobrecer a raça são, em si e por si, dignas de serem imitadas" (Losurdo, 2020, p. 103).[14]

Na Segunda Guerra Mundial, entre seus grandes protagonistas, o único país que não defendia políticas de eugenia e, antes o contrário, as combatia e criminalizava era a União Soviética. Mas todos os demais protagonistas, sejam no âmbito interno, como Estados Unidos e Alemanha Nazista, ou externo, nas colônias, como França, Inglaterra e Japão, noções de superioridade racial biológicas gozavam de ampla legitimidade e circulação. Com a vitória da União Soviética sobre o nazismo e o novo mundo que emerge do pós-Segunda Guerra Mundial, as ideias de superioridade racial biológica são descartadas como de uma hora para outra.

Em 1940, defender que existiam raças superiores e inferiores, povos que são geneticamente predestinados para dominar e outros para ser dominados, era algo normal (mesmo assistindo resistências e contratendências). Em 1946, isso seria considerado uma aberração e sintoma de simpatias com o nazismo e o fascismo recém derrotados. O caso brasileiro é sintomático. Grandes pensadores do país das décadas de 1910, 20, 30 e 40, defendiam teses de branqueamento da população e a superioridade biológica dos brancos.

---

[14] LOSURDO, Domenico. Colonialismo e luta anticolonial: desafios da revolução no século XXI. Org. MANOEL, Jones. São Paulo: Boitempo Editorial, 2020.

Na década de 1950, quando Guerreiro Ramos tinha participação ativa no debate público, essa ideologia simplesmente perdeu espaço.

Getúlio Vargas, durante o Estado Novo, foi a principal liderança política de um regime que tinha várias ideias de branqueamento e eugenia. O Getúlio Vargas do pós-Segunda Guerra simplesmente não tocava mais no tema e sua grande obra organizativa, o Partido Trabalhista Brasileiro (PTB) e o Partido Social Democrático (PSD), fundados em 1945, não tinham nada no seu programa defendendo o racismo científico. Quando o sociólogo baiano escreve seu ensaio, portanto, ainda era confuso e pouco delineado como a ideia de raças sobreviveria ao descrédito geral da eugenia e do racismo científico – e para muitos também não era claro que raça, no Brasil, tendia a deslocar-se completamente do aspecto sanguíneo, isto é, a origem e ancestralidade do indivíduo e focar-se no fenótipo e quantidade de melanina na pele.

Vale dizer também que nos Estados Unidos, a noção de raça continuou conectada ao genótipo. Alguém, mesmo de pele branca, mas com pais ou avós negros, com cabelo não liso e com traços faciais remetendo a ancestrais negros, não será considerado branco nesse país. No Brasil, a dinâmica é diferente. Não importa a origem; importa, como elemento fundamental, a cor da pele. E claro que em 1955 – como é até os dias atuais –, os Estados Unidos eram tomados como padrão de análise de relações étnico-raciais.

Na continuidade do ensaio, o sociólogo cita vários exemplos de pensadores – jornalistas, escritores, sociólogos, etc. – "mestiços" ou negros que recusavam com afetação serem indicados como não brancos e como contribuíram com os estereótipos negativadores do ser negro. A intenção do autor é destacar como essa patologia social não atinge apenas os "não letrados", sendo um fenômeno geral no Brasil. Depois dessa ampla digressão sobre os exemplos da patologia social do "branco", retoma os aspectos de formulação teórica. Diz que "na atual fase de desenvolvimento econômico-social do Brasil, *não existem mais suportes concretos* que permitam a nossa minoria de 'brancos' sustentar suas atitudes arianizantes" (Ramos, 2023, p. 245, grifos nossos). Após o trecho citado acima, o autor desenvolve o argumento dessa forma:

> *De um lado, verifica-se que desaparecem, desde há muito, do país as situações estruturais que confinavam a massa pigmentada nos estratos inferiores da escala econômica*; e, de outro, observa-se que a massa pigmentada, preponderante desde o início de nossa formação, *absorveu, pela miscigenação e pela capilaridade social, grande parte do contingente branco, que, inicialmente, podia considerar-se isento de sangue negro*. O que, nos dias de hoje, resta de brancos puros em nosso meio é uma conta relativamente pequena. *O Brasil é, pois, do ponto de vista étnico, um país de mestiços*. Os fatos da realidade étnica no Brasil, eles mesmos, estão iluminando a consciência do mestiço brasileiro e o levam a perceber a artificialidade, em nosso meio, da ideologia da brancura. O ideal de brancura, tal como ilustramos anteriormente, *nas condições atuais é uma sobrevivência que embaraça o processo de maturidade psicológica do brasileiro*, e, além disso, contribui para enfraquecer a *integração social dos elementos constitutivos da sociedade nacional* (Ramos, 2023, p. 246, grifos nossos).

Sumarizando os argumentos do autor: a) a população negra não está mais confinada a condição de classe trabalhadora, tendo pessoas negras em todos os estratos da sociedade; b) a miscigenação, a partir da dimensão sanguínea, reduziu o número de "brancos puros" no Brasil e isso combate os impactos de uma ideologia da brancura; c) o Brasil, na maioria do seu povo, é um país mestiço, logo, não faz sentido lógico-racional a idealização do branco como padrão por excelência de positividade; e d) a ideologia da brancura é uma sobrevivência do passado e atrapalha a integração social da nação.

O ponto a), como falamos várias vezes, é uma afirmação nunca demonstrada ou provada. O autor, nesta temática, apresenta uma absoluta falta de rigor teórico e científico. É um artigo de fé. O ponto b), como vimos, é uma confusão aceitável para época. O ponto c) tem como pressuposto a não existência de estruturas de dominação que possibilitem uma minoria branca dominar uma maioria não branca – ponto também não demonstrado e que tem como fundamento, o argumento do ponto a. O argumento d) é uma novidade na forma tão aberta e direta de exposição. O nacionalista Guerreiro Ramos está preocupado com a ideologia da brancura pelos seus efeitos na fragmentação do tecido nacional.

Justamente por tal preocupação, o autor segue o ensaio citando Adam Smith e sua teoria dos sentimentos morais quando aborda a necessidade da consciência da similitude como elemento integrador e coesionador de um grupo humano. O sociólogo dedica vários parágrafos para debater como falta no Brasil o sentimento de "semelhança física e de semelhança intelectual" do seu povo, enfraquecendo nossa capacidade de afirmação histórica e como esse problema é fruto da "formação colonial da sociedade brasileira" que tem "dificultado o desenvolvimento entre os brasileiros desse sentimento" (Ramos, 2023, p. 248).

Na sequência, para provar essa falta de unidade nacional, de "consciência de similitude", compara os "estudos sobre o negro", como o I Congresso Afro-brasileiro de 1934 (organizado com protagonismo de Gilberto Freyre) com a propaganda nazista contra os judeus. Toda a página 249 e começo da 250 são dedicados a enumerar essa semelhança. Contudo, depois dessa grave denúncia, comparando o debate brasileiro sobre o negro com a propaganda antissemita do nazismo, o autor encaminha as seguintes conclusões:

> É óbvio que o desaparecimento dos aspectos descritos da patologia social do "branco" brasileiro não ocorrerá como consequência de mero trabalho de reeducação e esclarecimento. Esse trabalho, decerto, é necessário e, além disso, de efeitos positivos, nisso que suscetível de liberar muitas pessoas do que se chamou *protesto* racial.

Mas são os fatos mesmo que, em última análise, propiciarão o desaparecimento daquela anormalidade de nossa psicologia coletiva. Esse problema envolve uma questão de articulação de gerações. É natural que os caracteres daquela patologia se mostrem mais vivos nas gerações mais velhas, que receberam, de gerações outras que alcançaram a plena ***vigência do regime escravo, uma definição pejorativa social do negro e do mulato***. As gerações mais moças, entretanto, se mostram mais acessíveis a admitir os novos critérios de avaliação que os fatos estão impondo. ***A partir de certa idade - observa um estudioso de questões geracionais, François Mentré - o homem não muda, o indivíduo se torna estável e vive sob o capital intelectual e moral que comanda sua atividade. Daí o caráter polêmico que o tema das relações de raça assume nos dias de hoje, entre nós.*** Ele reflete uma tensão entre gerações que elaboram os ingredientes de sua memória coletiva dentro de "quadros" sociais diversos (...) ***Muitos brasileiros ainda vivos descendem de avós que possuíram escravos, enquanto outros não***. Tais circunstâncias importam necessariamente na formação psicológica de cada um. ***A tradição da brancura que ainda sobrevive, entre nós, terá de ser ultrapassada por outra tradição, tradição a que estamos assistindo nascer e que representa novas condições objetivas da vida brasileira*** (...) Nos dias de hoje, a idealização da brancura, na sociedade brasileira, é sintoma de escassa integração social de seus elementos, é sintoma de que a consciência da espécie entre os que compõem mal chegou a instituir-se. ***Esse, porém, é um processo social normal que não poderá ser definitivamente obstaculizado***. Apenas uma situação colonial temporária tem embaraçado esse processo (...) foi uma minoria de "brancos" letrados que criou esse "problema", adotando critérios de trabalho intelectual não induzidos de suas circunstâncias naturais diretas (Ramos, 2023, p. 250-251).

Essa é a conclusão teórica central do ensaio de Guerreiro Ramos. Os fatos mesmos, por si só, vão resolver a questão das reminiscências do passado e da disfuncionalidade psicológica do povo brasileiro. Basta um avanço geracional, superando a memória de outros tempos e uma interpretação sociológica e antropológica correta, adotando critérios de trabalho intelectual induzidos da realidade brasileira e pronto. O problema racial brasileiro está resolvido! O sociólogo vai mais longe e diz que essa posição de "autenticidade étnica" não se "inclina para legitimação de nenhum romantismo culturológico, de nenhum retorno às formas primitivas de convivência e de cultura" e, muito menos, "implica um processo de desestruturação, no caso, da desocidentalização da sociedade brasileira", afinal, é perfeitamente possível avançar nesse processo "dentro das pautas nas quais tem transcorrido a evolução do país" (Ramos, 2023, p. 252).[15]

Agora podemos fazer uma reflexão sistemática sobre esse ensaio. Ele é o último "grande escrito" que Guerreiro dedica ao tema das relações raciais no Brasil. Depois dele, na coletânea *Negro Sou*, temos o texto de crítica à Gilberto Freyre (relacionado com a questão racial) e partes de outros livros incluídos na coletânea por escolha do seu organizador, Muryatan Barbosa, mas que não versam diretamente sobre o racismo no Brasil. A patologia social do "branco" brasileiro é a palavra final do sociólogo baiano sobre a questão racial nas condições brasileiras. Nunca mais voltou ao tema para corrigir, rever ou aprofundar aspectos desse ensaio.

Ao contrário, quase 30 anos depois da publicação deste texto em análise, em entrevista para Alzira Alves de Abreu e Lucia Lippi Oliveira, em 1981, Guerreiro disse: "o estudo sobre o negro… Eu

---

[15] Em obras futuras, como *A redução sociológica* (1958), o autor muda a perspectiva sobre o "Ocidente". Surge uma abordagem mais crítica e conectada com os debates colocados pela descolonização afro-asiática e a Conferência de Bandung.

sou o sujeito que disse a coisa mais lúcida sobre o negro. Você leu o que eu escrevi sobre o negro? Não? Então, você não conhece nada. Você precisa ler a última parte da *Introdução*, que é a coisa mais lúcida que há. Até então, a sociologia do negro no Brasil eram sujeitos que falavam no problema do negro no Brasil" e em outro momento da entrevista, o pensador diz "mas você tem que ler a última parte da *Introdução Crítica*, Alzira, senão você não se salva. Essa parte sobre o negro brasileiro é muito importante" (Oliveira, 1995, p. 171-173).

Esses trechos acima são parte do já clássico livro *A sociologia do Guerreiro* de Lucia Lippi Oliveira, publicado em 1995.[16] Ao final do livro, encontramos uma longa entrevista de Guerreiro Ramos dada poucos meses antes de morrer. Nessa entrevista, conseguimos saber o que o autor pensa do seu ensaio de 1955. Ele não faz afirmações sobre desatualizações ou erros. Ao contrário, diz que é "a coisa mais lúcida que há". Na entrevista, quando fala de *Introdução Crítica*, refere-se ao seu livro *Introdução crítica à sociologia brasileira*. Esse livro foi publicado em 1957 e consta nele, na terceira parte intitulada *Documentos de uma Sociologia Militante*, o *Patologia social do "branco" brasileiro*, *O negro desde dentro* e *Política de relações de raças no Brasil*. Como o livro foi publicado em 1957, Guerreiro Ramos teve quase dois anos para modificar as falhas e problemas do seu ensaio sobre a patologia do branco brasileiro antes de publicar em livro. Não o fez, por quê? Antes de debater isso, vamos às falhas e erros.

Sendo repetitivo, é importante pontuar a total falta de rigor teórico e científico do autor na polêmica sobre a relação entre raça e classe no Brasil. O sociólogo baiano trata o tema com desleixo, argumentação precária, ausência de dados, sem historicidade e sem o mínimo de trato categorial. Guerreiro Ramos é quase sempre descrito como um pensador erudito, qualificado, refinado.

---

16 Rio de Janeiro: Editora UFRJ, 1995.

Essas qualidades são verdadeiras, mas não para as palavras que escreveu sobre raça e classe no Brasil.

Nessa temática, o autor transita de uma vulgaridade para outra. Primeiro, bem ao gosto de um "marxismo" eurocêntrico, afirmava não existir problema racial no Brasil, apenas desigualdades de classes, dado a maioria dos negros compor "as classes de mais baixo nível econômico". O autor falou isso em 1946, como mostramos no segundo capítulo. Pouquíssimos anos depois, menos de uma década, a coincidência entre raça e classe desapareceu. Agora transitamos de um economicismo tosco para uma abordagem sobre raça antimaterialista e que nega, porque sim, sem argumentos, uma fundamentação econômica da dominação racial nas condições brasileiras.

Poderíamos especular muito sobre a explicação para essa ausência absoluta de qualidade na reflexão. Porém, mais útil agora é pontuar seus efeitos. A partir dessa proposição guerreiriana, fica bloqueada qualquer crítica ao racismo a partir da crítica da economia política e das relações de produção vigentes no Brasil. Não existe, portanto, luta de classes combinada de alguma forma com a questão racial. Mas para negar por completo toda abordagem marxista e radical sobre as relações raciais no Brasil, era necessário também eliminar toda formulação sobre dominação presente na negativação do negro. Como vimos no segundo capítulo, no texto *Senhores e escravos no Brasil*, de 1950, o autor falava de uma "estrutura de dominação do branco".

Em 1955, a questão racial como um problema de apenas superestrutura não tem conexão com dominação. É apenas uma questão psicológica, cultural, de *ethos*, normas do passado ainda não superadas, mas em desencontro com as condições objetivas do país. Bastava esperar a objetividade se impor, explicar a verdade e superar o colonialismo cultural nos estudos das ciências sociais. Toda complexidade, riqueza de ideias e *insight* do autor vai sumindo para forjar uma explicação circular, esquemática e pobre.

Perceba que nenhum dos aspectos do ensaio *O problema do negro na sociologia brasileira* ganhou maiores desenvolvimentos em textos posteriores. O que o sociólogo fez foi pegar algumas ideias já contidas nesse escrito e em outros, empacotar e formalizar no conceito de patologia social, buscar explicar a persistência desta patologia extemporânea às condições brasileiras e só. Ao mesmo tempo, ao contrário de *O problema*..., que mesmo que confusamente tinha uma orientação de ação antirracista, o escrito em análise tem como grande conclusão que não podemos e nem devemos fazer ação política contra o racismo.

Vale lembrar uma reflexão importante. O grande historiador Joel Rufino dos Santos, na reimpressão do *Introdução Crítica à Sociologia Brasileira*, publicado pela Editora da UFRJ em 1995, escreve um texto intitulado *O negro como lugar*. Nesse escrito, além de uma visão panorâmica sobre a obra do pensador baiano e sua época histórica, Rufino busca teorizar sobre qual foi a grande contribuição de Guerreiro para pensar as relações étnico-raciais no país. Para Rufino essa contribuição foi descobrir que "o negro ele próprio é um lugar de onde descrever o Brasil" e diz em conclusão que "penso ser essa ideia – o negro como lugar – a mais original contribuição de Guerreiro Ramos à compreensão do dilema nacional" (Rufino, 1995, p. 28). Rufino, portanto, refere-se fundamentalmente ao ensaio *O problema do negro na sociedade brasileira*.

Em verdade, bem ao gosto das modas acadêmicas atuais, o ensaio de Guerreiro Ramos não tem nada de novo na substância, mas anuncia com pompa e circunstância a formalização de um novo conceito. Se, como falamos no capítulo anterior, o "otimismo" com o desenvolvimento econômico do Brasil era compreensível, na formalização do seu conceito, Guerreiro Ramos cria um Brasil Negro imaginário, fantástico e fantasioso onde a população negra não estava mais essencialmente confinada às classes trabalhadoras (especialmente os setores mais explorados) e sujeita a formas particulares de dominação política, jurídica e ideológica. É irônico pensar que três anos depois do lançamento do livro *Introdução Crítica à sociologia brasileira*, Carolina Maria de Jesus publica o seu hoje célebre *Quarto de Despejo: diário de uma favelada.*[17] Diz a escritora em uma passagem,

> Hoje amanheceu chovendo. É um dia simpático para mim. E o dia da Abolição. Dia que comemoramos a libertação dos escravos [...] Continua chovendo. E eu tenho só feijão e sal. A chuva está forte. Mesmo assim, mandei os meninos para a escola. Estou escrevendo até passar a chuva, para eu ir lá no senhor Manuel vender os ferros. Com o dinheiro dos ferros vou comprar arroz e linguiça. A chuva passou um pouco. Vou sair.[...] Fui pedir um pouco de banha a Dona Alice. Ela deu-me a banha e arroz. Era 9 horas da noite quando comemos. E assim no dia 13 de maio de 1958 eu lutava contra a escravatura atual – a fome! (Jesus, 2014, p.30-32)

Esse trecho descreve a vida típica de uma trabalhadora negra excluída de um emprego industrial estável e instrução formal significativa. O caráter típico dessa descrição pode ser constatado conferindo os dados do censo do IBGE de 1950. Como aponta Lélia González, trabalhando os dados do censo, a maioria das mulheres negras atingia no máximo o segundo ano primário ou fundamental, sendo dominante o analfabetismo, 10% estava na agricultura e/ou indústria (com predominância da indústria têxtil) e 90% estavam concentradas no setor de serviços pessoais (empregadas domésticas, lavadeiras, babás, cozinheiras, etc.).[18] Vale lembrar que, em 1950, ano do censo, ou 1955, ano do lançamento do escrito em análise, empregadas domésticas não estavam incluídas na CLT. Trata-se de uma realidade que não comparecia nos textos de Guerreiro Ramos.

---

[17] São Paulo: Editora Ática, 2014.

[18] GONZÁLEZ, Lélia. Por um feminismo afro-latino-americano. Org. RIOS, Flavia; LIMA, Márcia. São Paulo: Zahar, 2020, p. 40.

Neste momento, é preciso sair um pouco da textualidade do sociólogo baiano e abordar uma polêmica contemporânea.

É moda em certos ciclos da esquerda brasileira usar a palavra "identitarismo". Existe um longo debate sobre o significado dessa palavra. No geral, quando não usada com objetivos abertamente racistas, a palavra tende a ser tomada como sinônimo de correntes liberais ou reacionárias da "luta" antirracista que resumem sua ação política na dimensão de afirmação da identidade e em demandas parciais por políticas públicas – "inclusão" – frente ao Estado burguês e o mercado privado.

Ainda neste debate desqualificado e impreciso, normalmente o "identitarismo" é debitado de uma ação planejada do imperialismo estadunidense para exportar sua agenda política de "hiperfragmentação" e "guerra cultural", enquadrando o debate brasileiro sobre a questão racial nos termos estadunidenses. A consequência dessa ação do imperialismo, especialmente via ONGs, alvo principal das denúncias dos "anti-identitários" é, na visão desses "críticos", secundarizar ou apagar a luta de classes e o debate de classe nos "movimentos identitários"; acabar com toda reflexão sobre economia política e produção da riqueza; reduzir o racismo a uma dimensão cultural, subjetividade e de identidade; inocentar o capitalismo pelo racismo, colocando a responsabilidade em ecos não superados da escravidão colonial; e, por fim, ter como centro de ação a noção de representatividade, buscando espaços no Estado burguês e no mercado capitalista e não sua transformação estrutural ou superação.

Pois bem, além do visceral antimarxismo de Guerreiro Ramos – na já citada entrevista de 1981, ele diz "acho que o marxismo é a maior desgraça na história do pensamento brasileiro" (OLIVEIRA, 1995, p. 168) –, vários elementos do que hoje é chamado de forma imprecisa de "identitarismo" estão presentes na obra de Guerreiro Ramos. Mas Guerreiro Ramos, ao contrário de várias figuras do debate contemporâneo, não pode ser acusado de alguém pautado pelo debate estadunidense. Ao contrário, o nosso sociólogo foi o maior defensor de uma sociologia brasileira, fincada na realidade nacional, radicalmente contra o transplante de ideias, conceitos e problemas dos países centrais do imperialismo. E mesmo assim, o pensador nacionalista chega a várias conclusões símiles de organizações e pensadores liberais/garveistas do movimento negro brasileiro e estadunidense – quem quiser um debate sério e qualificado sobre o chamado identitarismo, pode conferir o livro de Asad Haider, *Armadilha da identidade: raça e classe nos dias de hoje*.[19]

A razão para essa similitude de conclusão podemos encontrar, como apontamos desde o primeiro capítulo, no horizonte de classe do sociólogo baiano. Pensando desde uma mirada de classe média, o autor queria a máxima união nacional para o objetivo do desenvolvimento. Quando passa quase todo ensaio dando juras de intenções "generosas e pacifistas", sem nenhum intento "agressivo", o autor busca encontrar uma maneira de afirmar o negro como povo, como nação, parte da construção nacional, sem precisar destruir ou reconstruir radicalmente nada.

Um Negro-Brasil totalmente afastado de uma crítica da economia política e do sistema de dominação no enfrentamento ao racismo. O bloqueio de uma política antirracista proletária, conectado a partir das mediações necessárias à emancipação das classes assalariadas e à destruição da dominação racial. Uma política antirracista no e a partir do desenvolvimento capitalista, guardada toda diversidade de linguagem política, fontes teóricas, táticas e formas organizativas, tende sempre a evitar chegar em um lugar perigoso: a crítica da economia política e a estratégia revolucionária!

Para fugir desse lugar perigoso, Guerreiro se refugia no lugar da nação. Edison Bariani Junior, no seu já citado *Guerreiro Ramos e a redenção sociológica*, diz que "a conquista da reivindicação do negro como povo (brasileiro) não o elevava à condição de igual e o mito da comunidade nacional exibia suas fissuras e contradições

---

[19] São Paulo: Editora Veneta, 2019.

não só no terreno dos interesses antagônicos da estrutura de classes, mas a cor continuava a ser um estigma dentro das próprias classes sociais" (Bariani, 2011, p. 121).

É uma conclusão lógica do projeto político de Guerreiro Ramos chegar a uma teoria da "patologia social". Ora, é uma patologia, um problema geral, de todos, da nação. Sim, afeta alguns indivíduos em particular, mas não deixa de ser um problema de todos, um corpo estranho no ser nacional que pretende ser saudável (desenvolvido). Não se trata de dominação, exploração, algo funcional para reprodução da estrutura de classes ou quaisquer outras conclusões que teriam como consequência necessária destruir aquele tecido nacional para construir outro. A recusa não argumentada e desqualificada da relação entre raça e classe, também tem sentido lógico nesta estrutura de projeto político.

Guerreiro, em *O problema nacional do Brasil*,[20] faz uma tipologia do nacionalismo. Um dos tipos de nacionalismo que identifica é o nacionalismo de cátedra e assim descreve as características da classe que o expressa por excelência: "grosso modo, a pequena burguesia está condenada, pela sua situação que vive, a não ter posições firmes (...) os professores e intelectuais, elementos tipicamente pequeno burgueses, não escapam a essa psicologia. Mas, além disso, *incorrem habitualmente numa visão predominantemente intelectualista dos acontecimentos, que os leva a acreditar de modo exagerado na eficácia das palavras*. Tendem, por isso, nos momentos em que são incertos os resultados das decisões, *a adotar processos conciliatórios ou a substituir por soluções verbais as verdadeiras soluções de natureza objetiva e prática*" (Ramos, 1960, p. 251, grifos nossos). A análise do grande sociólogo sobre a questão racial no Brasil é um antirracismo de cátedra!

O pensador do ISEB foi atacado em vários momentos da sua vida como "racista", "preto racista", "racista contra brancos" e

20 Rio de Janeiro: Editora Saga, 1960.

reduzido à condição de mulato e negro, negando suas capacidades como sociólogo e pensador. Guerreiro cita irritado, na entrevista de 1981, como o inquérito da ditadura empresarial-militar o classificava de "mulato metido a sociólogo". É possível alguém argumentar que a forma de exposição das ideias de Guerreiro Ramos no debate sobre as relações raciais no Brasil era uma tática de autoproteção, uma contenção de forma e conteúdo para evitar mais ataques deste tipo. É uma interpretação possível. Acho bastante lícito especular o quanto da formulação teórica do autor é uma resposta – consciente ou não – a uma pressão permanente para reduzi-lo à condição de negro em chave racista: portanto, um não-pensador, um não-sociólogo, um adversário da unidade nacional que queria "revanche" ou um "racismo contra brancos" etc.

Ao mesmo tempo, esse tipo de especulação chama uma reflexão interessante. Guerreiro Ramos passou boa parte da sua vida brigando. Brigou com Carlos Lacerda, com o PCB, com setores do trabalhismo, com seus antigos companheiros de ISEB, com Gilberto Freyre, com a sociologia paulista, com Florestan Fernandes, com os liberais e uma infinidade de outros adversários. Reclamou muito dos prejuízos pessoais e perseguições que supostamente sofria. O prefácio de *Mito e verdade da revolução brasileira* é praticamente um rosário de denúncias e reclamações sobre os supostos ataques que sofria dos comunistas do PCB.

Se o pensador baiano conseguia enfrentar tudo isso, é curioso imaginar que os efeitos do racismo modularam conscientemente ou não sua produção teórica sobre a questão racial para fugir do estigma de "preto racista". Se essa especulação tiver um traço de verdade, podemos dizer que a vida de Guerreiro Ramos desmente a teoria de Guerreiro Ramos. Chegaríamos à conclusão que o racismo, longe de ser apenas uma reminiscência não superada de épocas passadas, disfuncionalidade psicológica e efeito de transplantação teórico-metodológica, era um complexo social estruturante e poderoso no enquadramento coletivo e individual ao ponto de constranger e impor autocensura a um dos sociólogos mais importantes e prestigiados do Brasil até o golpe empresarial-militar de 1964.

Guerreiro Ramos contra Gilberto Freyre

O último escrito relevante da coletânea *Negro Sou* é, como falamos, a crítica à Gilberto Freyre. O texto chama-se *Gilberto Freyre ou a obsolência*, de 1956. Guerreiro Ramos começa seu ensaio afirmando que a publicação de *Casa-Grande & Senzala* tornou Freyre um pensador aclamado e elogiado e o nosso "mais festejado sociólogo oficial" (Ramos, 2023, p. 263). Passando a exposição de toda fama e prestígio do sociólogo pernambucano, começa uma explicação dos porquês desta aclamação.

O sociólogo nacionalista começa sua análise a partir da origem de classe de Freyre. O pernambucano veio de uma família abastada e teve condições de bacharelar-se e fazer vários cursos nos Estados Unidos e viajar por vários países da Europa. Essa possibilidade permitiu ao autor "um conhecimento direto das correntes de pensamento, no domínio da literatura e das ciências sociais, que, nos anos de sua juventude e maturidade, poucos dos seus patrícios poderiam obter" (Ramos, 2023, p. 264).

Sem negar as qualidades intelectuais de Freyre, Guerreiro Ramos destaca que os recursos financeiros da família Freyre possibilitaram-no adquirir uma "bagagem de conhecimento" que superava de "modo geral" os seus "companheiros de geração" (Ramos, 2023, p. 264). Dotado desses conhecimentos assimilados na Europa e EUA, o pernambucano lança *Casa Grande & Senzala* que pela "primeira vez estudava uma época histórica do Brasil (a época colonial) à luz de categorias sociológicas e antropológicas pouco versadas ou inteiramente ignoradas em nosso meio. Acrescente-se ainda que aquela obra, além de abundante erudição que exibia, era escrita num estilo vivo e agradável, que a tornava ao alcance do leitor comum" (Ramos, 2023, p. 265).

Na sequência desta avaliação da grande obra de Freyre, o sociólogo baiano afirma que este teve mais sucesso social que méritos científicos, dado que no período de publicação do aclamado livro o Brasil não tinha ainda uma crítica científica consolidada. Tal crítica científica, desenvolvida posteriormente, considera, segundo Guerreiro Ramos, a obra freyreana com "reticências e restrições" e "só os literatos o consideram sociólogo; os sociólogos o consideram literato" (Ramos, 2023, p. 265). Ao mesmo tempo, contudo, o sociólogo baiano afirma que existe sim um mérito científico na obra do mais festejado sociólogo oficial. Diz que "Gilberto Freyre que, vulgarizando os antropólogos norte-americanos e ingleses, principalmente Franz Boas [...], desfez um equívoco muito comum entre os estudiosos da formação no Brasil – o equívoco que consistia na identificação da raça com a cultura. Nesse ponto, sua obra teve um caráter libertador, nisto que contribui para eliminar o complexo de inferioridade das chamadas elites de nosso país que, de modo geral, consideravam oprobriosa a preponderância do elemento negro na formação do novo povo" (Ramos, 2023, p. 265-266).

Feitas essas considerações, começa uma crítica sistemática. Aponta dois problemas centrais na obra freyreana: o impressionismo e o esteticismo (Ramos, 2023, p. 266). Falando do primeiro aspecto, Guerreiro Ramos pontua como o pensador pernambucano foi incapaz de formular um sistema explicativo e olhar o Brasil como "fato social total", pontuando também seu gosto pelo bizarro, pitoresco, por anedotas e conclusões apressadas. Para o período do Brasil colonial, Guerreiro afirma, por exemplo, que Freyre "jamais conseguiu ver o que é essencial na formação da sociedade brasileira. Sem dúvida, o que é básico para explicá-la é verificar que sobretudo na época colonial ela é condicionada por fatores exógenos (Ramos, 2023, p. 267).

O sociólogo nacionalista indica como a incapacidade de pensar o Brasil como totalidade não era apenas um erro de análise histórica na obra freyreana, mas se refletia também nas considerações do pernambucano sobre o Brasil de 1956. Freyre – segundo Guerreiro Ramos – condenava a "industrialização do Brasil, como um processo mórbido. Não compreende que essa industrialização é o modo histórico necessário pela qual o nosso país se ajusta às condições atuais do mundo" (Ramos, 2023, p. 269).

Na sequência, Guerreiro Ramos passa a criticar o esteticismo na obra freyreana. Diz que o pernambucano pensava o Brasil em termos "estáticos" e procurando constâncias nas relações sociais. A partir deste prisma, pensa o negro, por exemplo, como um "um tema curioso", "material etnográfico. Não é sujeito: é objeto" (Ramos, 2023, p. 269). Cita como outro exemplo do esteticismo o elogio dos mucambos pernambucanos, "tipos miseráveis de morada da população pobre do Recife (Pernambuco) construídos sobre terrenos pantanosos" (RAMOS, 2023, p. 269).

Ainda no âmbito da crítica ao esteticismo, mas já abordando a questão da lusotropicologia freyreana, Guerreiro Ramos destaca como o pensador pernambucano olhava a colonização não como reflexo de condições históricas e econômico-sociais, mas sim das "qualidades de temperamento ou do caráter deste ou daquele povo colonizador" e praticava, objetivamente, uma "espécie de apologia do colonizador português" (Ramos, 2023, p. 270). Essa apologia da colonização portuguesa reflete-se não apenas para a história passada do Brasil, como, na época, para voltar-se contra as iniciativas de libertação nacional de países africanos colonizados por Portugal. Gilberto Freyre desenvolve uma apologia oficialista – camuflada de teoria – do fascismo salazarista e do colonialismo português.

Por fim, após uma dura crítica à ideologia da lusotropicologia, Guerreiro Ramos termina sua avaliação da obra freyreana com palavras firmes. Vale fazer uma longa citação para captar toda essência da crítica.

> Ele [Gilberto Freyre] encarna no Brasil de hoje o tipo de pseudo-cientista, do intelectual domesticado por ideologias camufladas de ciência, como a antropologia cultural, que nos chegam aqui com o timbre de universidades europeias e norte-americanas. Brasileiro de nascimento, seu ideal é o lusitanismo: o progresso de seu país lhe parece manifestação mórbida, um desvio de sua vocação lusa. Expatriou-se, portanto, dentro do seu próprio país. No Brasil, vive um estreito círculo de intelectuais ociosos. Chama-se a si mesmo o solitário de Apipucos, nome de um subúrbio da cidade do Recife onde reside, entregue aos devaneios impressionantes e sonhando com a salvação do Brasil pela lusitanização (Ramos, 2023, p. 272-73).

Guerreiro Ramos foi esquecido. Embora estejamos vivendo um momento de redescobrir a obra do grande sociólogo baiano, ele não é um autor hegemônico ou retratado como um clássico nas ciências sociais brasileiras. Gilberto Freyre segue como o nosso mais prestigiado sociólogo oficial. Com todos os problemas e limites que devemos criticar sem meias palavras na sociologia nacionalista do pensador baiano, falamos de um pensador/ator político comprometido com a soberania nacional, a superação da dependência e do subdesenvolvimento, com a elevação material e cultural do povo trabalhador brasileiro e a afirmação do Brasil na geopolítica do mundo imperialista.

Gilberto Freyre, ao contrário, um pena amestrada da classe dominante, dedicou sua vida e sua ação política a manter o Brasil como é: uma máquina gigantesca de produzir riquezas para poucos (internamente e para fora), destruir a vida e os sonhos das maiorias e apresentar as nossas misérias e lutas pela sobrevivência como um belo, idílico e doce traço cultural e da nossa personalidade nacional. O pernambucano apoiou o golpe empresarial-militar de 1964, o fascismo salazarista e foi contra a descolonização afro-asiática e, a despeito de tudo isso, segue celebrado e aclamado.

Como sabemos, o projeto nacionalista e popular defendido por Guerreiro Ramos foi derrotado em 1964. Essa derrota delineia, também, os marcos de compreensão da história das ciências sociais brasileiras. O pernambucano que adocicava o período da escravidão, o atraso e a miséria brasileira virou um dos pais da teoria social do Brasil. O baiano que queria um país soberano com autodeterminação econômica, cultural e política para o povo brasileiro sumiu nas esquinas da história. Esse confronto de 1956 segue atual. No próximo capítulo, concluiremos com uma reflexão sobre o atual e o anacrônico na obra de Guerreiro Ramos.

O legado de Guerreiro Ramos: a herança que não podemos renunciar

Chegamos no último capítulo do nosso livro. Nos textos anteriores, conseguimos apresentar e fazer a crítica das ideias do sociólogo baiano sobre a questão negra no Brasil. É importante destacar que nos centramos no livro *Negro Sou*, organizado por Muryatan S. Barbosa, evitando fazer o debate sobre os textos onde Guerreiro debate a questão racial de forma implícita. Por exemplo: no livro *O problema Nacional do Brasil*, quando formula sobre a formação do povo brasileiro, o autor passa ao largo do papel da escravidão no século XIX e o destino da população negra no pós-abolição – seria fácil apontar os erros dessa formulação.

Mas este livro não tem como objetivo analisar toda a obra de Guerreiro Ramos – embora no processo de escrita estivesse em perspectiva o conjunto da obra do autor. Reforço que você, leitor ou leitora, não conheça a produção do sociólogo nacionalista apenas pelos meus textos. Leia, forme seu próprio juízo, critique e duvide da minha investigação.

No primeiro capítulo relatei como em minha formação – na graduação e mestrado – não tive oportunidade de estudar os grandes nomes da cultura brasileira do momento pré-golpe empresarial-militar de 1964. Na sala de aula, na UFPE, uma das mais prestigiadas universidades públicas do Norte e Nordeste, nunca tive aula sobre Guerreiro Ramos, Álvaro Vieira Pinto, Ignácio Rangel, Nelson Werneck Sodré, Alberto Passos Guimarães, Edison Carneiro e tantos outros – em paralelo, porém, tive que ler muitos textos de Norberto Bobbio, Hannah Arendt, Michel Foucault, Friedrich Nietzsche, etc.

Estou convencido de que é fundamental avançar numa agenda de pesquisa que mergulhe na história e na produção teórica brasileira e latino-americana. Para fazer a Revolução Brasileira precisamos estudar com disciplina, dedicação e rigor teórico a nossa formação econômico-social. Isto não significa, é claro, desprezar a história mundial ou fechar-se em qualquer "nacionalismo metodológico" – ou escolher os autores importantes de acordo com sua nacionalidade. O comunista precisa ler tudo que considerar importante para compreender a realidade.

Mas não estudamos em um vácuo histórico-social. Somos um país de capitalismo dependente forjado a partir de mais de 300 anos de colonialismo e escravidão. Da época colonial herdamos uma ideologia do colonialismo que foi brilhantemente caracterizada por Nelson Werneck Sodré no seu clássico *Introdução à Revolução Brasileira*.

> A ideologia formulada e mantida pelas entidades que impulsionam o colonialismo político encontra naturalmente extraordinária receptividade entre os componentes da classe dominante nas colônias. No caso brasileiro, que é o que nos interessa, tal classe esposa ardentemente aquela ideologia, que lhe convém de forma integral, que lhe cabe como uma túnica devidamente recortada. E nem poderia acontecer de maneira diversa, uma vez que a classe dominante na colônia, e que depois no império, representa, como que por procuração, aquela que, no continente europeu, criara e desenvolvera o colonialismo. Aceita todas as suas formulações e defende, quando é necessário, ponto por ponto, todo um corpo de conceitos que, no fim de contas, define irremissível condenação ao próprio país [...] E é esta razão, e não outra, que faz dos representantes daquela classe, aqui como em outras regiões coloniais, uns transplantados, uns exilados, de olhos postos na Europa, cegos a tudo o que os rodeia. Incapazes de sentir e de interpretar a sua própria terra. E é por isso também que os únicos elementos capazes de interpretá-la e senti-la são os que vem de baixo, sobre os quais recai, implacável, o peso de uma ideologia fundamente elaborada e vigorosamente mantida (Sodré, 1967, p. 151-52).

Superada a época colonial, adentramos no capitalismo dependente a partir de sucessivas modernizações conservadoras, preservando o lugar subordinado na divisão internacional do trabalho. É Clóvis Moura no *Rebeliões da Senzala*[21] quem analisa com precisão essa longa transição histórica do escravismo tardio para o capitalismo dependente:

> Essa estrutura rigidamente hierarquizada dentro do modelo escravista era necessária para garantir uma economia baseada na exportação de produtos primários subordinados aos interesses do mercado mundial. Com isso, ficou descartada a possibilidade de integração social, econômica e cultural daquelas grandes parcelas de força de trabalho liberadas que constituirão uma massa de marginalizados, saída das senzalas. Passa-se, através desse mecanismo subordinado, do escravismo para o capitalismo dependente, periférico, em face desse longo período escravista, de um lado, e de outro, pelo estrangulamento externo do capitalismo monopolista que penetrou simultaneamente à reunião do sistema escravista no Brasil. Na medida em que o escravismo se descompunha as nações dominadas do mercado mundial passaram a aplicar capitais no Brasil, naqueles setores estrategicamente relevantes como portos, estradas de ferro, comunicações, bancos e outras formas de investimentos. Espalharam esses investimentos nas áreas mais estratégicas, formando uma verdadeira rede nacional de subordinação (Moura, 2020, p. 49).

O capitalismo dependente é indissociável do colonialismo cultural, complexo social determinante da vida nacional das classes nos países subordinados na divisão internacional do trabalho. O colonialismo cultural é a ideologia – materializada em aparelhos ideológicos e no sistema de dominação política – de legitimação e reprodução da dependência e do subdesenvolvimento que visa, centralmente,

[21] São Paulo: Editora Anita Garibaldi, 2020.

ocultar do debate político e do conhecimento das classes populares essa realidade periférica e seus determinantes, impondo programas de pesquisas acadêmicas, conceitos, categorias, noções e tendências na "opinião pública" estranhas à nossa realidade, pois são gestados nos países centrais do capitalismo – ou com inspiração neles –, com o objetivo de garantir os interesses de classe do imperialismo e da burguesia interna.

Guerreiro Ramos foi um dos milhões de brasileiros que achavam ser possível superar o colonialismo cultural e construir uma nação com autonomia econômica, tecnológica, produtiva, cultural e política. Seu famoso livro de 1958, *A redução Sociológica*, é uma tentativa ousada e criativa de sistematizar e orientar esse processo que estava, na visão do sociólogo, se desdobrando no próprio processo histórico brasileiro, corolário direto dos efeitos da Revolução de 1930 e do desenvolvimento urbano-industrial que o país vivia.

> No Brasil, essas condições, que estão suscitando um esforço correlato de criação intelectual, consistem principalmente no conjunto de transformações de infraestrutura que levam o país à superação do caráter reflexo de sua economia. Desde que nele se configurou um processo de industrialização em alto nível capitalista, converteu-se o espaço nacional num âmbito em que se verifica um processo mediante o qual o povo brasileiro se esforça em apropriar de sua circunstância, combinando racionalmente os fatores de que dispõe. O imperativo do desenvolvimento suscitou a consciência crítica (Ramos, 2024, p. 52-53).[22]

O Brasil estava sendo descoberto pelos brasileiros. Como sabemos, em 1964 se inicia o fim desse grandioso empreendimento histórico nacional-popular. A modernização conservadora operada pela ditadura empresarial-militar veio acompanhada de um

[22] São Paulo: Editora Ubu, 2024.

empobrecimento cultural, teórico e de identidade nacional do qual até hoje não nos recuperamos. Sai de cena o intelectual crítico, militante, nacionalista, comprometido com a superação da dependência e do subdesenvolvimento. Entra no seu lugar, o acadêmico de sucesso, conectado com os "principais temas e autores" da Europa e do Estados Unidos, hábil no manejo da burocracia universitária, isolado socialmente do povo trabalhador, "neutro" e sem engajamento militante – afinal, na sua visão, engajamento militante não combina com ciência.

Florestan Fernandes e Guerreiro Ramos no pré-golpe de 1964 eram adversários teóricos. O enfrentamento entre os dois foi um dos mais memoráveis da história brasileira. Guerreiro Ramos defendia uma sociologia militante, radicalmente nacional, comprometida com a práxis, preocupada em entender o Brasil como totalidade e vocacionada para enfrentar a dependência. Florestan Fernandes queria um padrão científico internacional, uma sociologia que não "misturava" ciência, ideologia e política; uma esfera científica relativamente autônoma dos conflitos políticos em cena. Guerreiro Ramos ironizava, dizendo que em breve Florestan se tornaria um militante, defensor de um saber engajado, salvacionista do país. Numa daquelas maravilhosas ironias da história, Florestan tornou-se um sociólogo militante, um revolucionário que combinava ciência e projeto político, numa práxis emancipatória. Guerreiro Ramos virou um acadêmico de "padrão científico internacional" e maldizia um ambiente politizado e ideologizado como inimigo da prática científica – chegando a falar que onde dominava o nacionalismo, era impossível fazer ciência. Guerreiro Ramos em um texto de 1968, escrito e publicado durante seu exílio nos Estados Unidos, afirma:

> Por exemplo, a ciência, principalmente a ciência social, dificilmente prospera em "sociedades completamente politizadas" (Merton, 1967, pág. 542) ou em sociedades em que uma ideologia totalitária, como o nazismo, marxismo-leninismo, ou nacionalismo, prevalece.

> Outro fator que prejudica a ciência é o predomínio de critérios prescritivos no sistema social. A institucionalização da intersubjetividade científica é impossível em sistemas sociais impregnados por tais critérios, porque eles são incompatíveis como o que foram consideradas condições do *ethos* da ciência: racionalidade, universalismo, individualismo, comunalidade e isenção.[23]

No solo histórico da luta de classes, tanto o Guerreiro Ramos pré-golpe, defensor de uma sociologia militante e radicalmente nacional, quanto o Florestan Fernandes pós-ditadura, defensor de uma sociologia crítico-revolucionária, foram derrotados. As relações capitalistas dependentes, geradoras do colonialismo cultural, apenas se aprofundaram e hoje na intelectualidade brasileira, universidades e organizações políticas, reina com pouca contestação um emburrecedor eurocentrismo sempre acompanhado de um desejo ingênuo de ser "ocidental" como a França, Estados Unidos e afins.

Embora não seja possível ir até às últimas consequências da reflexão nesse escrito, vale pontuar que no século XXI o Brasil passa por uma substantiva reconfiguração das suas relações de produção, propriedade e dinâmica de acumulação, esvaziando de dinamismo o tecido urbano-industrial do litoral e vivenciando um gigantesco crescimento dos setores primário-exportadores do centro-oeste, norte e partes do nordeste e sudeste. O famoso agronegócio é um setor da classe dominante cada vez mais poderoso desde uma perspectiva econômica, política, ideológica e institucional – tendo uma ligação direta com o mercado mundial que lembra bastante a economia do café do período da República Velha ou República Oligárquica (1889-1930).

---

[23] O escrito completo, até onde sabemos, não tem tradução para o português. Um trecho traduzido, com o título *O colapso do nacionalismo no Brasil*, foi publicado pelo site Insight Inteligência.

Podemos vislumbrar essa realidade a partir de números. Na Amazônia Brasileira temos 63 milhões de cabeças de gado para 28 milhões de habitantes. Em 2003, o Brasil era o terceiro maior exportador mundial (em toneladas) de carne bovina. Em 2010 estávamos em primeiro lugar, responsáveis por 23% de toda carne bovina exportada mundialmente. Em 2022, esse número aumentou para 32%, exportando duas vezes mais que o segundo colocado no ranking, a Índia. No caso da soja, ainda tendo 2003 como ano de referência, o Brasil era responsável por 25% das exportações globais. Em 2018, esse número já era de 50%. Analisando de forma combinada, 70% das exportações brasileiras são de bens primários: soja, carne bovina, cana de açúcar, milho, variados tipos de cereais, petróleo e minério bruto. Só a soja é responsável por 12% de todas as exportações brasileiras.

Um país de capitalismo dependente onde cada vez mais o centro da acumulação capitalista é a produção primário-exportadora, a especulação financeira, o comércio e serviços de baixíssima complexidade. Um país desse tipo não precisa de centros universitários públicos de excelência, formação em massa de força de trabalho especializada e aparelhos de Estado ligados ao planejamento e pesquisa para reprodução das condições gerais de acumulação do capital. A Unicamp, USP, IBGE, UFRJ, IPEA e vários aparelhos construídos no século XX hoje são, tendencialmente, cada vez menos necessários na reprodução do capitalismo dependente brasileiro.

É notável como o Rio Grande do Sul – um estado historicamente pioneiro na criação de aparelhos de pesquisa, planejamento e política industrial – passou por um radical processo de desmodernização nos últimos anos e isso gerou pouquíssimo impacto no debate público nacional.[24] Também é chamativo como o agronegócio,

[24] Em 2016, o então governador do estado José Ivo Sartori (PMDB), anunciou – com direito à citação de Margareth Thatcher – a extinção da Fundação de Ciência e Tecnologia (Cientec); Fundação Cultural Piratini

chamado de *tech, pop e tudo*, tem sua cadeia produtiva quase inteira dependente de monopólios estrangeiros: a coisa mais brasileira na produção de soja é a degradação ambiental que fica para o país.[25]

É nesse cenário que vivemos um reforço do colonialismo cultural e do agringalhamento da nossa linguagem política e teórica. É difícil achar uma moda imbecil dos Estados Unidos – seja na cultura, no mundo acadêmico ou na política eleitoral – que não tenha sido ingerida com casca e tudo no Brasil. Exemplo chocante é como aceitamos enquadrar o debate sobre racismo, patriarcado, heteronormatividade e afins, no arco de palavras como "identitário", "identitarismo", "pautas identitárias", etc. Dez anos atrás, chamávamos esses complexos sociais de opressão e fazíamos um debate sobre a relação entre opressão e exploração.

Vivemos uma competição para ver quem é mais adaptável aos "padrões internacionais". Uns querem ser a filial do Partido Democrata

---

(TVE e FM Cultura); Fundação para o Desenvolvimento de Recursos Humanos (FDRH); Fundação de Economia e Estatística (FEE); Fundação Estadual de Pesquisa Agropecuária (Fepagro); Fundação Estadual de Produção e Pesquisa em Saúde (FEPPS); Fundação Instituto Gaúcho de Tradição e Folclore (FIGTF); Fundação Zoobotânica (FZB) e Fundação Estadual de Planejamento Metropolitano e Regional (Metroplan). O Rio Grande do Sul, em 2024, sofreu a maior inundação da sua história nas últimas décadas e teve quase 2 milhões de pessoas atingidas. Longe de um fenômeno natural, as perdas humanas e materiais foram potencializadas por um estado generalizado de abandono de prevenção e planejamento para manter ativo, por exemplo, o sistema de drenagem e proteção contra inundações.

[25] No site do Governo Brasileiro é possível conferir uma matéria sobre o lançamento em 2022 de um Plano Nacional de Fertilizantes que visa reduzir os atuais índices de dependência no setor. O Brasil importa 85% dos fertilizantes e a "grande meta" do Plano é reduzir essa dependência para 45% até 2050 – mais de trinta anos para reduzir 40% o índice de importação.

dos Estados Unidos (na direita, dos Republicanos). Outros querem ser decoloniais com as bênçãos de algum pensador europeu que plagiou um boliviano ou peruano. Outros ainda, seguindo a tradição, querem fazer parte do departamento francês de ultramar.

Precisamos de uma agenda política e científica voltada para mergulhar na história brasileira e latino-americana. O combate ao liberalismo, pós-modernismo e reacionarismo no movimento negro brasileiro – parte fundamental das pelejas pela Revolução Brasileira – não será feito sem mudar os termos teóricos do debate, os marcos de referência e o horizonte político e de classe da produção teórica. Explico cada um dos aspectos.

É preciso pensar o racismo como uma totalidade estruturante da totalidade que é a formação social brasileira – incompreensível quando desconectada das determinações da divisão internacional do trabalho e do imperialismo global. O racismo não é só um fenômeno subjetivo, cultural e de identidade e muito menos uma colcha de retalhos com vários adjetivos: racismo religioso, racismo jurídico, racismo algorítmico, racismo estético, racismo institucional, racismo recreativo, etc. Hiperfragmentar a compreensão do racismo, desconectando da crítica da economia política e do debate sobre a formação social brasileira, é útil para produzir descrições fenomênicas superficiais, que caminham para propor alguma política pública de caráter limitado e de baixo orçamento que vai incidir na vida de uma pequena parcela dos grupos diagnosticados como necessitados daquela política pública.

No acúmulo teórico do Serviço Social Brasileiro é conhecida a reflexão de que as contradições da ordem capitalista – para torná-las operativas nos marcos do Estado burguês – foram transformadas em "questão social" e abordadas de forma fragmentada para fundamentar políticas sociais que tratam das suas expressões: o problema da moradia, o problema da população em situação de rua, o problema do desemprego, o problema da fome, o problema do trabalho infantil, etc. Cada "problema", expressão da questão social, é tratado isoladamente, com políticas públicas específicas, no máximo com "articulação" das políticas sociais – no final, temos um gerencialismo das contradições, e não sua superação.

Com todos os problemas que já apontamos, Guerreiro Ramos conseguiu pensar o país como totalidade. Projetar as mudanças a partir de um horizonte de transformações radicais da estrutura produtiva, afinal, não se trata só da distribuição da riqueza socialmente produzida via políticas públicas, mas da dinâmica de produção dessa riqueza. Transformação produtiva, mudança do papel do país na divisão internacional do trabalho e distributivismo – com seus rebatimentos na cultura, subjetividade e normatividade social –, tudo isso estava em tela para o sociólogo baiano.

Num país cada vez mais afundado no subdesenvolvimento e na dependência, em franca regressão civilizatória, um marco teórico hiper fragmentado, culturalista/semiologizado e institucionalista de ler a realidade pode ser útil para disputar minguados nichos do orçamento público. Inegavelmente é funcional para vários grupos, onde todos atuam na lógica do "farinha pouca, meu pirão primeiro" – são esses os termos teóricos para disputar as migalhas que sobram do banquete da burguesia e do imperialismo.

O problema é que na república burguesa do Banco Central privatizado, do Novo Teto de Gastos, do agronegócio e da especulação financeira, o espaço para políticas públicas é cada vez mais restrito. Vivemos um tempo de orçamentos medíocres para programas de alcance limitadíssimos, enquanto a maioria da população negra afunda cada vez mais na miséria, na superexploração da força de trabalho e na piora das condições de vida – enquanto corre a passos largos a mercantilização acelerada de tudo (saúde, educação, cultura, segurança, etc.).

Além de pensar o racismo como uma totalidade, um complexo social que tem seu fundamento nas relações materiais de produção, na estrutura de classe e na dinâmica de exercício do poder político, é fundamental ter como marco teórico a particularidade nacional da questão racial. Não estamos nos Estados Unidos, na África, na França ou no Caribe.

É útil pensar em termos de diáspora africana, atlântico negro e população negra global, desde que não suma de vista a particularidade da questão racial brasileira. Precisamos de quantos exemplos de transposição mecânica da realidade racial dos Estados Unidos para o Brasil para nos convencermos da inutilidade desse procedimento? Nos Estados Unidos, o *Black Lives Matter* foi um movimento de massas e com amplos rebatimentos na luta de classes do país. No Brasil, a tentativa de abrasileirar a coisa, o *Vidas Negras Importam*, foi apenas uma palavra de ordem na boca de setores militantes e de classe média sem impacto nenhum no enfrentamento ao extermínio da população negra – a Bahia, o estado mais negro do Brasil, segue o campeão nacional de violência policial. Com um detalhe: a Bahia é governada pelo PT há cinco mandatos!

Guerreiro Ramos tinha o mérito de buscar pensar o que particulariza o Brasil no mundo. A nossa história, dinâmica de classe, cultura, etc. O fazia, porém, fugindo de patriotadas ingênuas ou um tosco "nacionalismo metodológico". A questão, embora bem intrincada e com vários desafios, pode ser resumida da seguinte forma: o patrimônio teórico universal deve ser questionado com a seguinte pergunta: esta reflexão é útil para pensar a realidade brasileira ou diz respeito, no fundamental, às particularidades histórico-concretas de outra formação econômico social? Voltando para *A Redução Sociológica*, o sociólogo nacionalista deixa claro que sua preocupação com a realidade nacional não nega a universalidade:

> A redução [sociológica] ganhou adeptos exaltados, que dela fizeram a expressão de um nacionalismo agressivo e intransigente, espécie de revanche, no domínio da cultura e da ciência, contra o pensamento alienígena. Dessa adesão, o representante mais qualificado é o sr. Álvaro Vieira Pinto que, em *Consciência e realidade nacional*, promove a nação (é até mesmo a nação brasileira), ao plano das

> categorias gerais do conhecimento, ao lado, por exemplo, da totalidade, da objetividade, da racionalidade [...] Em suma, a principal razão do "desvio" do sr. Álvaro Vieira Pinto foi não ter assimilado a noção de comunidade humana universal, à luz da qual se concilia perfeitamente o comprometimento do cientista com seu contexto histórico, e o critério da universalidade, sem o qual não existe verdadeira ciência (Ramos, 2024, p. 23).

É importante pontuar que não é todo conhecimento que deve ser interrogado a partir de um nível imediato de operacionalização prático-política para intervenção numa dada realidade nacional e histórica. Não faria sentido algum, por exemplo, questionar se o estudo da Ciência da Lógica de Hegel, a ontologia do ser social de Lukács ou os seminários de Lacan são "úteis" para entender o Brasil. Falamos de um nível de abstração da prática científica diretamente ligado a operacionalização da ação das classes, frações de classe e grupos sociais em conflito e que se proponha a pensar a realidade na sua dimensão histórico-concreta. Guerreiro Ramos, na sua formulação sobre a redução sociológica, não deixa dúvidas quanto à dimensão do conhecimento que é objeto de sua crítica e formulação. No capítulo *Duas ilustrações da redução sociológica* cita como um dos exemplos do transplante mecânico de ideias de um país central do imperialismo para a sociologia brasileira a preocupação com o "controle social" nos termos estadunidenses. O sociólogo argumenta longamente como a dinâmica de classe e de desenvolvimento capitalista daquele país, oferece sentido e intervenção sociopolítica a esse programa de pesquisa, não se repetindo essas condições na sociedade brasileira.

Desapareceram os suportes histórico-materiais para sustentar a redução sociológica como um movimento de massas tal como Guerreiro Ramos pensava em 1958. Mas a preocupação segue válida. É só com os pés bem fundos na lama brasileira que poderemos aproveitar de verdade as contribuições universais. Fidel Castro, por exemplo, foi o grande líder da Revolução Cubana não porque tinha uma ótima exegese de Marx, Engels e Lênin. Mas porque – dentre outros talentos – soube usar as obras de Marx, Engels e Lênin inseridas no dinamismo e na história de Cuba, dando ares leninistas para José Martí e ares martinianos para Lênin.

Um belo exemplo dessa preocupação aparece sob a pena de Mao Zedong. O líder revolucionário chinês foi exemplar no difícil trabalho de forjar um conhecimento crítico vocacionado à prática que assimila todo patrimônio universal sem afastar-se das particularidades da China. Seus escritos são prova disso. A obra de Mao Zedong, do início ao fim da vida, sintetiza o quão bem pode servir o marxismo quando corretamente acompanhado do entendimento do solo nacional. O trecho a seguir ilustra bem do que estamos falando:

> Particularmente significativo é o fato de que muito poucos conhecem realmente a história do Partido Comunista da China e a história da China nos últimos cem anos contados desde a guerra do ópio. Ninguém, praticamente, se ocupou com seriedade da história econômica, política, militar e cultural da China nos últimos cem anos. Ignorantes sobre seu próprio país, alguns sabem unicamente contar histórias da Grécia Antiga e outras terras estrangeiras, e mesmo esses conhecimentos são uma lástima, foram recolhidos pedaço a pedaço num amontoado de velhos livros estrangeiros. Durante vários decênios, muitos dos que estudaram no estrangeiro sofreram dessa doença. Vindos da Europa, América ou Japão, só sabiam papaguear coisas estrangeiras. Transformados em fonógrafos, esqueciam que o dever é compreender aquilo que é o novo e criar o novo. Essa doença infectou igualmente o Partido [...] Nas escolas, nos cursos para quadros em exercício, os professores de filosofia não orientam os alunos para o estudo da lógica da Revolução Chinesa; os professores de economia não orientam para o estudo das características da economia chinesa; os professores de

> ciências políticas não orientam para o estudo das táticas da Revolução Chinesa; os professores de ciência militar não orientam para o estudo da estratégia e tática adaptadas às características especiais da China; e assim por diante. Daí resulta uma generalização de erros e um grande prejuízo para as pessoas.[26]

Por fim, chegamos no horizonte político e de classe. Onde queremos chegar? Que Brasil queremos? Era claro o projeto de Guerreiro Ramos, sua estratégia de Revolução Brasileira. É fácil criticar todos os erros e ilusões à luz do que aconteceu em 1964. Mas ao menos tinha o que criticar. Hoje, em clima asfixiante, vivemos um presentismo angustiado. Não existe projeto de país do povo trabalhador e o que se chama de esquerda hoje, é, grosso modo, um campo político de reprodução do neoliberalismo com discurso abstratamente humanista e apelo de algumas políticas sociais.

Simplesmente não existe horizonte político para acabar com o racismo no Brasil. A representatividade no estado e no mercado privado tem que ir até onde? Quando todos os juízes do STF, deputados e senadores do Congresso, membros do executivo nos três níveis, CEOs de empresas e maioria dos intelectuais e artistas foram negros, teremos o fim do racismo? Precisamos de quantas políticas públicas? Quanto de orçamento?

É um eterno presente. Uma incidência parlamentar aqui, outra captação de recursos ali, uma bancada negra acolá, um estatuto da igualdade racial (que nunca sai do papel) em outra banda. E assim segue. Num acúmulo de movimentos desconexos, sem horizonte, sem perspectiva nacional, sem o básico da política: definir explicitamente inimigos e aliados.

---

26 *Mao Zedong e a revolução chinesa: métodos de direção e desafios da transição ao socialismo*. Org. Miguel Enrique Stédile. São Paulo: Expressão Popular, p. 81, 2019.

Seria ótimo uma presidente negra ou negro. Mas para executar que projeto? Apoiando-se em que bases sociais? Lutando contra quem? Para construir qual Brasil? Indo além: basta só mudar a composição étnico-racial dos membros da alta burocracia do Estado burguês? É suficiente mais "negros e negras em espaço de decisão"? Como estão configurados esses "espaços de decisão"? É uma tarefa bastante difícil achar uma estratégia política e um projeto de país no âmbito do movimento negro – e das esquerdas no geral – para concordar ou discordar.

Em síntese, é preciso dizer que mesmo por um caminho errado, Guerreiro Ramos acertou muito na sua conclusão: a condição de dependência apresenta uma situação de paralisia histórica. Os problemas de sempre – fome, desemprego, analfabetismo, violência policial, debilidade no acesso à saúde e educação, degradação ambiental etc. – estão permanentemente nos atormentando, numa eterna reatualização dos dramas do povo trabalhador. A condição de dependência é, se me permitem um certo impressionismo teórico, uma espécie de fim da história. A aparência de uma mudança na qual nada muda, uma série de transformações e rupturas nas quais a essência é a permanência.

A luta de classes é o motor da história, disseram Marx e Engels. Enquanto a burguesia e o imperialismo tiverem controle absoluto do poder político no Brasil, viveremos uma eterna reprodução da dependência e do subdesenvolvimento. Não somos sujeitos da história, mas objetos das tendências mundiais do sistema imperialista, vivendo ciclos eternos de modernização reflexa. Esse conceito, usado por Guerreiro Ramos e quase todos os pensadores críticos de sua época, trata de países e regiões subordinados no sistema capitalista global, que operam dinâmicas de modernização seletiva e contraditória para atender aos interesses do mercado mundial, sobre a gerência da burguesia interna.

Somos um proletariado externo do sistema imperialista. Existimos para transferir riqueza para fora, em ciclos periódicos de destruição criativa de pessoas e recursos naturais, enquanto a classe dominante interna garante sua acumulação de capital e taxa de lucro a partir da superexploração da força de trabalho – dependência, transferência de valor e superexploração se irmanam num circuito fechado, no qual o espaço para transformação histórica das condições de vida do povo trabalhador, é quase nulo.

No capitalismo dependente, não resolvemos nada, muito menos o racismo. Guerreiro Ramos errou bastante nas suas respostas sobre o que é o Brasil e nossas relações étnico-raciais, mas acertou em abundância nas perguntas que fez e na postura que tinha – até o golpe de 1964 – para responder aos desafios postos pela práxis. Esse é seu maior legado!

Terminamos este escrito com uma citação de Clóvis Moura. Na introdução do livro *Sociologia do negro brasileiro*,[27] Moura aponta com extrema atualidade (o ano original da publicação é 1988) o dilema de uma perspectiva antirracista vocacionada para transformar o país e das muitas lições de Alberto Guerreiro Ramos:

> A articulação do problema étnico com o social e político é o que alguns grupos negros não estão entendendo, ou procuram não entender para se beneficiarem de cargos burocráticos e espaços abertos para membros qualificados de uma ínfima classe média branqueada. Guerreiro Ramos teve oportunidade de enfatizar o perigo de se criar uma "sociologia enlatada". De nossa parte, tememos que alguns elementos negros, ao concluírem a universidade, em vez de se transformarem em ideólogos das mudanças sociais que irão solucionar o problema racial no Brasil, assimilem os valores ideológicos dessa sociologia enlatada, o que levará o negro a continuar sendo cobaia sociológica daqueles que dominam as ciências sociais tradicionais: brancos ou negros. Como se pode ver, não quero que exista uma sociologia *negra* no Brasil, mas que os cientistas sociais tenham uma

27 São Paulo: Editora Perspectiva, 2019.

visão que enfoque os problemas étnicos do Brasil a partir do negro, pois, até agora, com poucas exceções, o que se vê é uma ciência social que procura abordar o problema através de uma pseudo-imparcialidade científica que significa, apenas, um desprezo olímpico pelos valores humanos imbricados na problemática estudada por eles. Não observam, dessa maneira, que seus conceitos teoricamente corretos (dentro da estrutura conceitual da sociologia acadêmica) coloca-os "de fora" do problema, e, portanto, não penetram na sua essência, são anódinos, inúteis, desnecessários à solução da questão social e racial do negro e, por isso mesmo, são frutos de uma ciência sem práxis e que se esgota na ressonância que o autor desses trabalhos obtém no circuito acadêmico do qual faz parte (Moura, 2019, p. 33).

Conclusão

Se o marxismo brasileiro quiser se popularizar e ter inserção de massas, isso passa por aumentar substancialmente sua inserção no povo negro, a maioria da classe trabalhadora nesse país. Tornar o marxismo a alma viva do proletariado brasileiro exige um firme e decidido combate ao liberalismo e todas as formas de adaptação à ordem burguesa. Mas esse combate nunca será efetivo enquanto não reconhecermos o caráter majoritariamente branco, pequeno-burguês e academicista das nossas lideranças, intelectuais, dirigentes e quadros eleitorais.

Precisamos progredir na construção de um marxismo brasileiro, latino-americanizado e africanizado que consiga avançar na construção de uma teoria da Revolução Brasileira que seja farol de emancipação para a classe trabalhadora em toda sua diversidade. Não só um avanço teórico, como prático e organizativo. O nosso povo, as periferias de todo Brasil, não está armado com teoria revolucionária e organizado para tomada do poder. E continuaremos assim enquanto, dentre outras coisas, a questão racial não for encarada como norte da nossa teoria do Brasil e organização do povo trabalhador.

Podemos e devemos aprender com todas as contribuições vindas de outros países – inclusive dos Estados Unidos. Devemos ler Angela Davis, Robin Kelly, W. E. B. Du Bois, os Panteras Negras e afins. Vamos ler tudo, mas com a prioridade de assimilar o útil para pensar o Brasil e se apropriar do nosso acúmulo. A luta contra o liberalismo no movimento negro e em toda classe trabalhadora não pode esperar. É o momento – e desculpem o bordão –, de falar que a Revolução Brasileira será negra ou nunca passará de um sonho. E não precisamos de sonhos. Já vivemos um pesadelo. Precisamos de urgência histórica para transformar o Brasil!

Apontamentos sobre a polêmica do "identitarismo" (anexo)

Em 2014, enquanto ainda era um estudante de graduação, conheci o debate sobre teoria do reconhecimento ao encontrar um livro sobre o tema numa das bibliotecas da UFPE. Em resumo, o argumento era o de que, no século passado, as lutas populares e movimentos sociais tinham como foco uma pauta "materialista", ligadas ao mundo do trabalho e sindicalismo, focadas em melhores salários, condições de trabalho e igualdade material. Já no século atual, o foco estaria nas lutas por reconhecimento, protagonizadas por grupos sociais historicamente marginalizados e com déficits de reconhecimento. Negros e negras, imigrantes, mulheres, povos originários, LGBTs e afins seriam os sujeitos protagonistas destas lutas. Como num passe de mágica, na eleição de 2018, sem nenhuma relação com as reflexões da "teoria do reconhecimento", todo mundo falava em identitarismo e "pautas identitárias". Podemos visitar as entrevistas dos candidatos à eleição em 2018, e veremos que era quase impossível assistir uma sabatina sem encontrar uma pergunta como a seguinte: "candidato (a) o que pensa sobre as chamadas pautas identitárias?".

Identitarismo, pautas identitárias e termos correlatos passaram a dominar o debate público. Para muitos, o identitarismo foi responsável pela vitória do fascista Jair Bolsonaro e pela avalanche reacionária de 2018. Surgiu um novo senso comum generalizado. Não é mais preciso detalhar o que se quer dizer ao usar esses termos; agora cada pessoa preenche com o conteúdo que desejar.

Nossa reflexão vai começar debatendo aspectos do senso comum generalizado sobre o "identitarismo" para então chegar à relação entre raça e classe no Brasil. Mas, desde já, cabe uma advertência de ordem teórica: vamos, na reflexão sobre as opressões no Brasil, debater apenas a questão racial. Nosso enfoque terá esse objetivo e limite, ainda que vários argumentos utilizados tenham validade para pensar, também, a luta contra o patriarcado/machismo e a LGBTfobia.

A festa do colonialismo cultural

Nos debates sobre o "identitarismo", é comum vermos a afirmação de que se trata de uma ideologia importada dos Estados Unidos ou da Europa Ocidental. Alguns, indo além, dizem que trata-se de um plano do imperialismo estadunidense para fomentar "guerras culturais" e dominar com maior facilidade um país. Se você já fez tal afirmação, questiono: já parou para pensar como foi que nasceu o "identitarismo"? Em que contexto? Como passou a circular nas ciências humanas e nas esquerdas? Quais os principais aparelhos responsáveis por sua difusão?

Se existisse um real interesse em responder a essas perguntas, livros como *Armadilhas da identidade: raça e classe nos dias de hoje*, de Asad Haider, ou *Camarada*, de Jodi Dean, teriam feito grande sucesso. São dois livros, especialmente o primeiro, que debatem o surgimento e consolidação da "política de identidade". Mas não é o caso. Os dois livros tiveram pouco impacto nas esquerdas brasileiras. Também não faltam boas publicações em português sobre a atuação de organizações apontadas como as principais difusoras do "identitarismo", como a Fundação Ford. Os exemplos são *A questão negra: a Fundação Ford e a Guerra Fria* (1950-1970), de Wanderson Chaves e *Guerra Fria e Brasil: para a agenda de Integração do negro na sociedade de classes*, de Elizabeth Cancelli, Gustavo Mesquita e Wanderson Chaves.

O espanto vai além. Os que defendem que o identitarismo é apenas uma importação estadunidense – ou uma tática de "guerra cultural" do imperialismo –, poderiam explicar se existe ou não uma questão racial no Brasil. Nesse ponto, dois caminhos básicos:

tomar a posição do ex-diretor de jornalismo da Rede Globo, Ali Kamel que lançou um livro chamado *Não somos racistas*, reutilizando uma clássica posição teórica de negar que existe racismo no Brasil, dado sermos um país "miscigenado" e coisas do tipo; ou afirmar que, sim, existe uma questão racial a ser enfrentada.

Se a resposta para a questão é a segunda, uma pergunta se impõe: qual é o debate brasileiro sobre a questão racial? Temos um pensamento nacional sobre o tema? É impressionante como, seja nos "guerreiros contra o identitarismo" ou nos que "apoiam as pautas identitárias", não temos um movimento de recuperação e valorização do debate brasileiro sobre a questão racial e os nossos clássicos.

É inegável que vivemos um momento de maior visibilidade e procura por nomes como Luís Gama, Lélia Gonzalez ou Clóvis Moura. Mas esses são movimentos minoritários, tentativas de resistência. A luta contra o "identitarismo" não provocou um movimento em massa dos trabalhistas para recuperar as reflexões de Alberto Guerreiro Ramos, Abdias do Nascimento, Lélia Gonzalez, Darcy Ribeiro e documentos como *A carta de Lisboa*. Também não provocou, por parte dos comunistas, um esforço organizado de valorizar a produção de Edison Carneiro, dos comunistas baianos articulados em torno da *Revista Seiv*a (1938-1943), de Nelson Werneck Sodré, Clóvis Moura, Florestan Fernandes ou mesmo a experiência prática dos comunistas atuando junto aos povos de terreiro, escolas de samba, quilombos urbanos e afins.

Também não vemos explodir publicações e debates sobre a história do movimento negro no Brasil, iniciativas como a Frente Negra Brasileira, Teatro Experimental do Negro, Movimento Negro Unificado, o papel do movimento negro na Constituição de 1988, etc. Como uma realidade invertida, a denúncia do colonialismo cultural em torno das "pautas identitárias" se completa com um reforço do colonialismo cultural: ao invés de condicionar um movimento intelectual e político para (re?)estabelecer a compreensão das particularidades das relações raciais no Brasil, recuperando os clássicos e avançando na pesquisa e organização popular, temos uma simples negação da realidade brasileira, apelando para uma luta de classes abstrata e sem materialidade.

Com um olhar mais atento, vamos perceber que o que existe hoje é uma volta disfarçada do mito da democracia racial. No Brasil, tal mito tem muitas facetas e intérpretes. Um dos mais famosos e qualificados é Gilberto Freyre. O sociólogo de Pernambuco não negava a existência do racismo no Brasil, mas sim o seu caráter de antagonismo estruturante da sociedade brasileira, com a dominação racial não constituindo um traço basilar da nossa formação econômico-social. Em forma popular, é como se Freyre dissesse: racismo no Brasil? Existe apenas enquanto expressões pontuais, mas não marca profundamente a vida brasileira, não é uma das grandes questões nacionais do país.

Reduzir a questão racial à "pauta de costumes", "identitarismo", "pauta identitária" ou apelar para um debate econômico que estaria separado da questão racial, é uma outra forma de dizer que o racismo não é um complexo estrutural determinante da vida brasileira, sendo questão lateral nos conflitos políticos e na luta de classes.

Uma "grande descoberta": do pelego sindical ao liberalismo no movimento negro

Mas, afinal, o que é identitarismo? É a defesa de uma compreensão das opressões centrada na valorização de identidades negativadas e marginalizadas, atuando predominantemente na esfera cultural, simbólica e institucional, demandando maior "igualdade de oportunidades" na dinâmica de competitividade do capitalismo. Ou seja, uma compreensão identitária da luta contra o racismo entende como tarefa central desnegativar a identidade negra, destacar o histórico de exclusão e oportunidades negadas e, a partir disso, operando como central à nossa de representatividade, atuar para conseguir mais possibilidades de inserção da identidade negra nos diversos postos da divisão social do trabalho, sem intenção de ruptura com as estruturas do capitalismo.

A tendência à fragmentação, autorreferenciamento, reificação a-histórica do eu/identidade e corporativismo são consequências necessárias de uma organização coletiva com horizonte burguês visando combater alguns efeitos de exclusão/barragem de oportunidades produzidas pelo racismo. Ou seja, o identitarismo existe. É, em poucas palavras, uma compreensão liberal ou reacionária, adaptada à ordem burguesa, do que é o racismo e as formas de "combatê-lo".

Nesse ponto é necessário dizer o óbvio. O capitalismo é uma ordem social lastreada na competitividade e concorrência, com classes, grupos e categorias sociais disputando espaço de poder, riqueza, prestígio e reconhecimento. A possibilidade de um determinado grupo, categoria ou classe adotar um problema liberal, buscando melhorar sua dinâmica grupal de competitividade, sem questionar ou colocar em risco a dinâmica estrutural do sistema, está sempre posta.

O que é o sindicalismo liberal? Um movimento corporativo dos trabalhadores, centrado numa identidade fechada, reificada, fragmentada e que busca melhores condições de existência no capitalismo, sem questionar ou enfrentar a dinâmica do sistema. Na Inglaterra na época de Marx e Engels, os dois fundadores do marxismo tiveram que lutar muito para o movimento operário inglês não apoiar a colonização da Irlanda e as políticas xenofóbicas contra os migrantes irlandeses na indústria britânica.

Nos Estados Unidos, os comunistas tiveram uma dura luta para combater a segregação racial que existia no mundo sindical e no partido socialista, buscando unificar a classe trabalhadora e pôr fim à defesa corporativista de uma solidariedade racial branca policlassista no país. Também podemos citar exemplos de movimentos de libertação nacional, como a luta anticolonial polonesa da época de Marx e Engels, que contava com correntes centradas numa emancipação nacional burguesa, sem reforma agrária, que não questionava a servidão, nem tocava no poder dos barões e nobreza, criando uma identidade nacional também corporativista (aristocrática), a-histórica e totalmente adaptada ao sistema interestatal dominante.

Chega a ser engraçado que em um país com fortíssima tradição de sindicalismo liberal, pelego e corporativista, estranhe-se a possibilidade de que movimentos políticos dos oprimidos assumam um programa liberal de negociação por melhores possibilidades de inserção na ordem burguesa. Claro que existem diferenças importantes entre o movimento negro liberal e o sindicalismo liberal. O primeiro apela como pontos centrais de sua gramática política e razão de ser a identidade, sem ligação direta com o mundo do trabalho. Mas ter identidade não é especificidade de negros e negras, muito menos o apelo para identidade como elemento organizador da ação política. Todos têm identidade!

Assim como não existe um lugar não-ideológico e não-político, também inexiste um lugar de não-identidade. Todos os seres humanos estão inseridos em relações sociais e estruturas objetivas que balizam os padrões de reconhecimento intersubjetivo: as práticas sociais, as formas de perceber-se e relacionar-se com o mundo. Ao nascer, ainda na maternidade, eu não sabia que era negro – recém-nascido, não podia fazer ideia de que existia uma divisão social do mundo baseada na racialização dos grupos humanos. A despeito disso, porém, a cor da minha pele ao sair do ventre da minha mãe já me constituía enquanto sujeito diante dos outros, já me situava nas hierarquias sociais e subjetivas construídas historicamente.

Caso fosse abandonado, minhas chances de adoção seriam menores do que as chances de uma criança branca. A possibilidade de descaso médico também cresce por ter a pele escura. Ainda na maternidade, era conhecido como "o índio", por causa da minha pele negra (mas nem tanto) e meu cabelo liso. Antes mesmo de ser capaz de compreender um simples "a" do mundo, já estava inserido numa identidade.

A cor da roupa, as formas de brincar, os apelidos, os tipos de presente, a forma de sentar, o carinho de pessoas próximas, etc – tudo é definido, antes do sujeito ter consciência, a partir de uma rede complexa de múltiplos determinantes que constituem as identidades como estruturas objetivas de organização do tecido social. Claro, assim como no caso da ideologia, há quem acredite estar situado em um lugar de não-identidade. Quem pensa isso? Aqueles inseridos nos padrões de identidade socialmente dominantes: o "universal", o "natural", aqueles padrões que, na verdade, são construídos historicamente como critério de "normalidade".

Ser homem branco, hétero e sudestino é, no caso brasileiro, ser "universal", o padrão para considerar os casos desviantes. Uma das principais características da ideologia burguesa é apresentar um interesse particular como se fosse o universal, constituindo-se como uma universalidade falsa. Tal "universalidade" se constitui enquanto mistificação negativa do Outro, que estabelece os desviantes. Para ser branco não basta a cor de pele identificada como branca. Ser branco é uma posição social historicamente construída e mantida, não um dado biológico. Os irlandeses, um povo que ninguém duvida da cor de pele branca, até o começo do século XX eram tratados pela classe dominante inglesa como um povo racialmente inferior.

Toda formação econômico-social tem os seus padrões de identidade universal. Como o outro necessário do universal, temos os desviantes, as "minorias", os "identitários". Apelar para representatividade negra em um filme, por exemplo, é lido como identitário. Ver um filme com elenco todo branco não é considerado exemplo de "identitarismo branco". Isso explica o ponto central do dilema brasileiro.

A existência de um sindicalismo liberal, como no exemplo que citamos acima, não significa pôr em questão os padrões de competitividade dentro da esquerda brasileira. O capitalismo é um regime concorrencial, como dizemos. As esquerdas não estão imunes a essa dinâmica societária. Existe concorrência para ver quem vai ser lido como o intelectual, o líder, o dirigente etc. Em 1990, na hora de definir os candidatos à vereança de uma capital, como Recife, o fato de não ter como candidatos mulheres negras não era um problema ou uma questão. O padrão, inclusive, era que tal ausência sequer fosse percebida.

Hoje, em 2023, o partido socialista, comunista ou progressista que lançar candidaturas para a eleição de 2024 sem a presença de mulheres, negros e negras e, em menor medida, LGBTs, será criticado e pode perder votos. Essa mudança de padrões de identidade provocou um aumento da competição intraesquerda. Então, em 1990, um homem branco e hétero, disputando uma vaga de dirigente partidário ou candidato, tinha vantagens simbólicas e subjetivas – muitas vezes operando no plano do inconsciente – contra, por exemplo, uma mulher negra. Hoje, contudo, na mesma disputa em um espaço de esquerda, o fato em si de ser mulher negra, vai ser usado como ativo político na mesma disputa contra um homem branco e hétero.

Esse aumento da competitividade nas esquerdas, é um dos grandes fatores de atraso no debate. Para muitos, a reação histérica, irracional e desqualificada contra o "identitarismo" é apenas uma forma de defender os seus privilégios simbólicos de outrora – hoje questionados. *Não se trata de combater o liberalismo no movimento negro, mas a demanda em si por representatividade, como se ela e o liberalismo fossem a mesma coisa ou necessariamente indissociável.*

Nesse momento da nossa reflexão teórica e atuação política, acreditamos ser essa a razão central para predominar uma reação desqualificada ao "identitarismo" ao invés de fortalecer o debate marxista sobre a questão racial e colonial e recuperar e avançar na produção brasileira sobre o tema. Note, por exemplo, que é perfeitamente possível criticar duramente o liberalismo/pós-modernismo no movimento negro e ao mesmo tempo defender uma demanda por maior representatividade negra nas esquerdas brasileiras. Mas fazê-lo significa para muitos abrir mão de ativos simbólicos de competitividade no âmbito das esquerdas. O circuito se fecha. Avançamos pouco. O liberalismo nos espreme de um lado e o fascismo do outro!

Retomando o fio da história: antigamente Quilombo hoje periferia

Não temos pretensão de, nas linhas finais deste escrito, reproduzir em todas as suas determinações as relações de raça e classe no Brasil. Nossa abordagem vai debater quatro teses fundamentais para pensar a formação econômico-social brasileira em longa duração histórica.

A invasão colonial portuguesa estabeleceu uma empresa de exploração fundamentada no trabalho escravizado. Durante mais de 300 anos, a escravidão foi o complexo institucional dominante da vida do território que formaria o Brasil. Durante mais de 300 anos, a luta de classes no país foi polarizada entre escravizados e senhores de engenho/grandes proprietários e o mundo do trabalho foi formado e estruturado a partir do signo da raça. Diz Nelson Werneck Sodré:

> A circunstância, entretanto, é muito importante pelas suas consequências: tudo o que está por baixo, socialmente, é negro; tudo o que está por cima é branco. O rótulo de cor começa a funcionar, com os seus poderosos e generalizados efeitos. Nesse sentido, devemos considerar bem como, muito depois de ficar libertado da escravidão, o negro permaneceu submetido à violência dos preconceitos, rotulado que estava. E ainda é indispensável considerar, nessa apreciação, um aspecto que tem sido propositalmente omitido: o negro continua a fornecer, puro ou mestiçado, o grosso da massa de trabalho, em nosso país. Se isolarmos uma consideração da outra, correremos o risco de cuidar erradamente o problema: relações de raça jamais podem isolar-se de relações de classe (Sodré, 1967, p. 147).[28]

[28] SODRÉ, Nelson Werneck. *Introdução à Revolução Brasileira*. Rio de Janeiro: Civilização Brasileira, 1967.

Até 1850, ser trabalhador no Brasil significava majoritariamente ser negro e escravo. Com o fim do tráfico negreiro e o processo de estímulo em massa à imigração europeia, tivemos o aumento do contingente de trabalhadores "brancos". Clóvis Moura registra como no começo do século XX, nas indústrias de São Paulo – polo mais dinâmico do capitalismo brasileiro – o número de operários brancos era maior do que o de negros e "mulatos" (Moura, 2021, p. 53-54). Como sabemos, a abolição no Brasil não teve o caráter de uma revolução democrática que garantisse ao povo negro terra, educação, empregos e direitos. Ao contrário, com o fim do escravismo, se estabelece um novo regime de dominação racial-classista, no qual a população negra era majoritariamente privada das oportunidades de emprego industrial, dos serviços públicos e de todas as possibilidades abertas com a complexificação da divisão social do Brasil engendrada pelo desenvolvimento do capitalismo dependente.

Mas isso não significa, contudo, que a população negra tenha perdido a função econômica no mundo do trabalho. A forma da abolição e da transição ao capitalismo relegou o povo negro à condição de superpopulação relativa ou de exército industrial de reserva. E, como sabemos desde Marx em *O Capital*, o capitalismo precisa de uma superpopulação relativa para pressionar para baixo o nível dos salários e as condições de trabalho, potencializando a taxa de lucro dos capitais. Aliado a isso, o valor da força de trabalho é dado, também, por um componente histórico-moral. No caso da população negra, o racismo atua como vetor desumanizador e rebaixador das condições histórico-morais de reprodução da parcela negra da classe trabalhadora, operando, desde uma perspectiva de totalidade, para deprimir todo valor histórico-moral do povo trabalhador do Brasil. Na síntese de Clóvis Moura:

> Os negros que habitavam as favelas, os mocambos, os cortiços, os alagados, os pardieiros são mantidos como exército industrial de reserva de mão de obra não qualificada para forçar, no plano econô-

> mico, a segurança de níveis mínimos de salários aos trabalhadores já engajados no processo de trabalho. E o negro que já conseguiu capacitar-se técnica e culturalmente para competir em nível superior com o trabalhador branco é apresentado como perigoso porque "não quer mais ficar no seu lugar". Desta forma, as classes dominantes, através de uma série de mecanismos de defesa, inconscientes, mas atuantes, conseguem, com o preconceito de cor, manter o equilíbrio da mão de obra, garantindo-lhe alta taxa de mais-valia e precatar-se contra possíveis reivindicações parciais ou globais dos trabalhadores que elas julgarem mais radicais (...) No caso específico do Brasil, o negro, vindo de um passado escravista ainda bem próximo, sofre todas as barragens, diretas ou indiretas, que uma sociedade como a nossa exige que sejam criadas a fim de manter inalteradas as atuais relações de produção. Isto para que ele, conforme já afirmamos, exerça o papel de exército industrial de reserva a fim de que os trabalhadores engajados no processo de trabalho não se sintam entusiasmados para fazerem reivindicações perigosas. A barragem é facilitada pela marca étnica que os identifica como elementos vindos da massa escrava (Moura, 2021, p. 117-18).[29]

É bastante repetido pela militância que, entre um negro e um branco com a mesma formação e na mesma função, o branco ganha mais; que um homem branco, com a mesma formação de uma mulher negra, pode ganhar mais que o dobro do seu salário; que há predominância de negros e negras em empregos precários, com baixa escolaridade, alta rotatividade; ou que há predominância de negros e negras entre as vítimas de acidentes de trabalho (vítimas inclusive fatais). Todos esses dados, hoje bem sistematizados pelo IBGE, mostram que nas condições gerais da exploração capitalista

---

[29] MOURA, Clóvis. *O negro: do bom escravo ao mau cidadão?* São Paulo: editora Dandara, 2021.

no Brasil, a parcela negra do povo trabalhador tem particularidades no seu processo de exploração.

Nesse sentido, *anunciamos* ***duas teses*** *para pensar a história brasileira*. É impossível debater a formação da classe trabalhadora do país sem falar da escravidão e nossa forma de abolição. E não é praticável, também, debater as condições de acumulação no capitalismo dependente brasileiro sem entender o papel das formas particulares de exploração condicionadas pela racialização da classe trabalhadora (racialização entendida em dois sentidos: os socialmente lidos como brancos e não-brancos).

Se a questão racial, com formas históricas diferenciadas na Colônia e no capitalismo dependente, é incontornável no debate sobre formação da classe trabalhadora e suas condições de exploração, também o é para entender a burguesia brasileira. *Aqui chegamos na* ***terceira tese***. No Brasil, a transição para o capitalismo não foi marcada por uma ruptura popular de baixo para cima com o passado escravista-colonial. Ao contrário, tivemos um lento processo de aburguesamento de latifundiários, comerciantes de pessoas escravizadas, grandes proprietários de todo tipo (mineração, produção de cacau, algodão, borracha, etc.).

Também não tivemos uma ruptura ou antagonismo irreconciliável entre a grande propriedade rural e a indústria. Antes o contrário. A tendência foi o mesmo ramo familiar operar diversas formas de capital, indo desde a grande propriedade latifundiária até bancos, grandes distribuidores varejistas e indústrias. A ausência de uma ruptura popular com a dinâmica escravista-colonial e a forma da abolição brasileira – isto é, o tipo de inserção do negro no capitalismo dependente –, condicionou todo o *ethos* político, ideológico e institucional da classe dominante.

O debate sobre o caráter contrarrevolucionário e contrarreformista da classe dominante brasileira, embora parta das determinações da crítica da economia política do capitalismo periférico (dependência, transferência de valor, superexploração da força de trabalho, etc.), não pode desconsiderar o universo sociológico e histórico-cultural de formação e desenvolvimento dessa burguesia. Darcy Ribeiro registra com precisão a temática. Afirma que a empresa escravista é fundada na apropriação de seres humanos "através da violência mais crua e da coerção permanente, exercida através dos castigos mais atrozes" (Ribeiro, 2015, p. 294).

Essa violência, as torturas, mutilações, estupros e mortes, parte do cotidiano generalizado do território que formará o Brasil, deixou marcas indeléveis. Para o autor, "a mais terrível de nossas heranças é esta de levar sempre conosco a cicatriz de torturador impressa na alma e pronta a explodir na brutalidade racista e classista" e essa alma brasileira "é incandescente, ainda hoje, em tantas autoridades brasileiras predispostas a torturar, seviciar e machucar os pobres que lhes caem às mãos" (Ribeiro, 2015, p. 91). Darcy debate como o nosso país pode ser pensado como uma longa continuidade de opressão, violência e exploração racista, dado que "desde a chegada do primeiro negro, até hoje, eles estão na luta para fugir da inferioridade que lhes foi imposta originalmente, e que é mantida através de toda a sorte de opressões" (Ribeiro, 2015, p. 131).

E conclui o raciocínio lembrando que "as atuais classes dominantes brasileiras, feitas de filhos e netos dos antigos senhores de escravos" guardam, diante do povo negro, "a mesma atitude de desprezo vil". Como a abolição não expressou uma revolução democrática radical, o que temos é a burguesia brasileira com a mesma atitude ideológica, política e cultural dos seus antepassados senhores de escravos para com o povo negro, ainda que essa atitude se efetive em condições socioeconômicas diferentes – não mais em um regime escravista, mas no capitalismo dependente. Nas palavras do autor, "a nação brasileira, comandada por gente dessa mentalidade, nunca fez nada pela massa negra que a construíra. Negou-lhe a posse de qualquer pedaço de terra para viver e cultivar, de escolas em que pudesse educar seus filhos, e de qualquer ordem de assistência" (Ribeiro, 2015, p. 167).[30]

Se a questão racial é indispensável para entender a configuração das duas classes fundamentais, o povo trabalhador e a burguesia, ela não fica fora da compreensão de como se estrutura o Estado e o poder político no Brasil. As relações jurídicas e as formas de Estado não podem ser pensadas em si mesmas, pois estão enraizadas nas relações materiais de produção e reprodução da vida. Nesse sentido, o debate sobre Estado, poder político e padrão de dominação política no Brasil que prescinde de explicar as formas particulares de dominação sobre o proletariado negro e de controle da superpopulação relativa nas condições brasileira está necessariamente equivocado.

É comum na militância de esquerda citar como a violência política, as injustiças no sistema judiciário, o encarceramento em massa e a militarização da vida atingem prioritariamente a população negra. Esses dados, vistos de forma fragmentada, podem indicar uma mera falha do Estado de direito e da democracia condicionado pelo racismo. Na realidade, indicam a determinação da questão negra na formação do Estado burguês no Brasil e sua forma de exercício do poder político. Temos em nosso país um Estado capitalista dependente e antinegro.

Almir Felitte, ao debater história da polícia no Brasil, ilustra o que estamos debatendo. Diz Felitte:

> Teorias racistas transformaram diversos sistemas que compunham a sociedade brasileira, sobretudo os penais e policiais. Exemplo claro, além da criminalização da capoeira, é a inclusão dos atos de vadiagem no Código Penal de 1890 como contravenções penais. Na Velha República, contravenções incriminam perigos meramen-

30 RIBEIRO, Darcy. *O povo brasileiro: a formação e o sentido do Brasil.* São Paulo: Global Editora, 2015.

> te abstratos, sem a necessidade de se observar qualquer violação real de direito (...) Em 1888, o então Ministro da Justiça, Ferreira Viana, apresentou projeto de lei para combater a ociosidade como resposta à Abolição. E, mesmo à época da escravidão legalizada, a preocupação com os libertos já estava presente nas discussões políticas do país, sempre contrapondo o ócio ao trabalho escravo e correlacionando libertos a vadios (...) As mudanças nos sistemas e práticas penais e policiais na Velha República deixam clara a busca por mecanismos de controle social sobre as camadas mais pobres e trabalhadoras, permanentemente em situação de suspensão de direitos. Por um lado, com a Abolição não sendo acompanhada de políticas de inclusão social à população negra, o Estado brasileiro buscou maneiras de punir a falta de ofício através de fracas justificativas de perigo abstrato. Por outro, legislações que buscavam criminalizar a organização política das classes trabalhadoras, negras ou brancas, também demonstram esta mesma preocupação oligárquica de controle mesmo sobre aqueles que possuíam ocupação. Junto ao sistema penal, é no contexto de tais preocupações que a reformulação das instituições policiais à época, sobretudo as forças militarizadas, está inserida. Elas terão papel fundamental no exercício de manutenção da ordem através do controle das chamadas "classes perigosas", que transformaram a dinâmica social do país nos anos subsequentes com suas demandas e seus conflitos com as camadas dominantes (Felitte, 2023, p. 65-67).[31]

Já Clóvis Moura, durante a ditadura empresarial-militar, também debatendo a polícia, diz:

> Atualmente, existem dois papéis básicos para a polícia. O de manter a situação atual, por meio da força, e de pressionar constantemente

[31] FELITTE, Almir. *História da polícia no Brasil: estado de exceção permanente?* São Paulo: Autonomia Literária, 2023.

> o exército de reserva de mão de obra barata necessário, por meio da exigência de comprovação e emprego de cada indivíduo, pois o elemento que não comprovar estará sujeito a sanções criadas pelo estado (...) sobre o negro a polícia exerce uma função extraordinária, a de quebrá-lo psicológica e organizativamente. Para a polícia, todo negro é um criminoso em potencial. Ela o persegue em qualquer lugar e a todo momento. Isso faz com que o indivíduo negro sinta vergonha de sua raça e se isole de seu grupo (Moura, 2023, p. 306).[32]

Citamos o exemplo da polícia, mas podemos debater, com as devidas particularidades, o papel fundamental da questão negra na estrutura de todo aparelho estatal e nas práticas de exercício do poder político. Esse tema será apresentado de forma sistemática em trabalhos futuros, mas desde já adiantamos que é impossível compreender o Estado/poder político no Brasil sem debater o seu caráter burguês, dependente e antinegro.

Em suma, se para entender o capitalismo brasileiro não podemos prescindir da reflexão sobre a questão racial, na superação desse modo de produção a questão negra também deve assumir papel central na práxis revolucionária.

---

[32] MOURA, Clóvis. *Brasil: as raízes do protesto negro*. São Paulo: Editora Dandara, 2023.